高中历史有效教学策略研究

史亚军　徐文健　王　璨◎著

吉林文史出版社

图书在版编目（CIP）数据

高中历史有效教学策略研究 / 史亚军，徐文健，王璨著. -- 长春 : 吉林文史出版社，2023.9
ISBN 978-7-5472-9817-6

Ⅰ．①高… Ⅱ．①史… ②徐… ③王… Ⅲ．①中学历史课－教学研究－高中 Ⅳ．①G633.512

中国国家版本馆CIP数据核字(2023)第193524号

GAOZHONG LISHI YOUXIAO JIAOXUE CELÜE YANJIU
书　　名　高中历史有效教学策略研究
著　　者　史亚军　徐文健　王　璨
责任编辑　柳永哲
出版发行　吉林文史出版社有限责任公司
地　　址　长春市福祉大路5788号
印　　刷　北京四海锦诚印刷技术有限公司
开　　本　787mm×1092mm 1/16
印　　张　11
字　　数　225千字
版次印次　2024年4月第1版　2024年4月第1次印刷
定　　价　52.00 元
书　　号　ISBN 978-7-5472-9817-6

前　言

随着生活水平的不断提高，素质教育得到了人们的广泛关注，新课程改革已经在全国普遍实施。同时，新课程改革强调高中历史教师要改变过去传统的教育方式，运用新型教学方法调动学生的学习积极性，引领学生自主学习。因此，在高中历史有效教学中，教师要确立"学无止境"的理念，教育学生完善学习。同时，在高中历史有效教学观念与实施策略的研究过程中，帮助学生发挥自己的才能，从而提升教学质量。

鉴于此，笔者撰写了《高中历史有效教学策略研究》一书，在内容编排上共设置六章：第一章作为本书论述的基础和前提，主要阐释高中历史教学的内涵与特征、高中历史教学的相关理论依据、新课标下高中历史教学的有效性思考；第二章是高中历史有效教学的内容体系，内容涵盖高中历史教学的核心素养、高中历史教学的课堂导入、高中历史教学的提问策略、高中历史预习与复习有效性教学；第三章论述启发式与主线式的有效教学方法、开放式与讨论式的有效教学方法、创造性思维与任务驱动有效教学方法、新课改下的高中历史课堂有效教学方法；第四、五、六章围绕高中历史有效教学的设计策略、高中历史有效教学策略与效果优化、高中历史有效教学策略的实践进行研究。

全书论述严谨，条理清晰，内容丰富新颖，专业性、学术性较强，且立足我国基础教育课程改革和高中历史教学实践，在教师可操作的基础上，逐一从高中历史有效教学的基础知识入手，并结合案例进行分析，针对高中历史教学中遇到的相关问题进行梳理和研究，力求凸显高中历史有效教学在实践中的作用。

本书在撰写时参考了很多相关专家的研究文献，也得到了许多专家和老师的帮助，在此真诚地表示感谢。虽然在成书过程中，作者翻阅了无数资料，进行了多次修改与校验，但由于作者水平有限，书中难免会有疏漏，恳请广大读者批评指正。

目　录

第一章 | 高中历史教学与有效性思考

第一节　高中历史教学的内涵与特征

一、高中历史教学的内涵

"高中历史教学不同于其他学科，高中历史的教学很多时候应当立足在高中历史教学的学科特点上来进行，依据高中历史教学的教学特点，进行其教学方法的研究是能够更好地促进高中历史教学的。"①

（一）高中历史教学的主要目标

高中历史是高中阶段开设的一门专业学科课程，通过教学实践活动开展，旨在实现以下教学目的：①使学生掌握历史事实；②使学生了解民族地区民俗习惯与文化内涵；③使学生掌握历史规律和特点；④培养学生正确的历史观；⑤提高学生的历史思维、分析能力，使学生学会辩证地观察、分析历史与现实问题；⑥使学生了解与认识历史学习的价值；⑦提高学生组织与开展历史教学与宣传相关活动的能力；⑧拓展学生学习和探究历史问题的空间；⑨使学生具有从事历史科研及相关工作的基本能力；⑩培养学生关注和积极参与历史活动的意识；⑪培养学生传承与发展优秀历史文化的能力；⑫使学生从历史中汲取智慧，养成现代公民应具备的健全人格和人文素养；⑬加深对祖国的热爱和对世界的了解，培养学生的爱国情怀和民族自豪感。

历史课程教学目标通过一次历史课的教学，可以提高学生对具体历史事件、历史人物的认知，并学会用历史的观点去判断与分析，历史教学的课堂教学目标实现的大都是微观的教学目标。上述历史教学目标更多的是需要长期的历史教学才能实现的。

---

① 褚文平. 浅析高中历史教学的特点与方法 [J]. 中学课程辅导（教师通讯），2018（1）：92.

历史课程教学目标应将学生的历史知识的增长、历史文化素养的提高、历史道德品质的发展放在最为重要的位置，这样既能够对学生的各项能力加以培养，同时还能很好地结合品德教育、知识教育、情感教育和人格教育。

（二）高中历史教学的本质分析

1. 高中历史教学是对历史的探究与反思

高中历史教学，旨在让学生学习历史，要求学生思考历史事件原因与结果的关系，进行合理的历史解释，但必须认识到，历史绝不是死记硬背的学科，学习历史必须主动探究、反思。

史学真正有意义的地方不在于提供多少经验，而是培养历史意识，能用发展的眼光看待历史，深刻认识历史发展中人的作用，提高自我判断能力和社会参与能力。

在高中历史教学中，历史教师应帮助学生思考过去如何影响现在，使学生从历史立场思考、分析、反思、归纳、演绎、推理、解释，得出结论。

2. 高中历史教学是人文素质教育

历史是一门"人学"，历史教学的本质是人文素质教育，历史教学离不开道德评价与道德教育。通过高中历史教学，教师应帮助学生了解各种社会形态，不同阶段的人类社会的时代特征、思维方式和生活方式的文化意义，建立正确的道德评价，培养社会责任感与社会参与意识，学会做人，养成责任心，产生社会归属感，形成正确的人生观、世界观和价值观。

通过历史学习，学生理解了历史事件、人物的感悟，才能进一步认识到一个国家、民族文化的精髓，才有可能认识历史传统，产生民族认同，传承民族优秀的品质、丰富的物质文化与精神文化。

中学历史教学的本质意义重在培养"人"而不是"人才"。《普通高中历史课程标准（实验）》指出，中学历史教学应真正发挥育人功能，让学生汲取人类文明成果，陶冶爱国情操，培养人文情怀。

（三）高中历史教学的重要意义

第一，帮助学生树立历史意识。学习历史，能从历史中获得一种思维观念与方法，即历史意识。有了历史意识，才能理解历史的演进，懂得历史经验和教训，根据历史规律来理解历史、观察现实、展望未来。

第二，培养学生的民族认同感。通过历史教学，学生能了解我国的民族精神和民族文化氛围，深刻体会到我国不同历史阶段的忧患和挫折，警示当下，重视历史的前车之鉴，凝聚民族情感。

第三，帮助学生树立正确的人生观、价值观、历史观。教育的本质就是要实现人的社会化，人能够适应社会的需求、变化以及发展的过程。实际生活中，人们所遇到的各种问题是综合性的问题，并非单一学科知识可以解决，因此，现代教育提倡综合化教学，历史学科也不例外，历史教学涉及政治、经济以及法律等多个方面的知识，高中历史教学中，需要在掌握历史知识的基础上，通过渗透中华儿女的优秀品格来提高学生的思想和道德情操，让学生接受人生观、价值观、历史观的教育。

（四）高中历史教学的具体任务

1. 科学传播历史知识

在高中历史课程教学中，教师应通过古今中外的历史知识的教学，积极传播历史事实和历史文化知识，并使学生全面掌握这些知识。传播历史知识是高中历史教学最基本的教学任务。

2. 促进学生健康发展

素质教育背景下促进学生的健康发展是各级学校各学科的重要教学任务。学生的健康发展是多方面的，包括身体、心理、社会性等多个方面。历史教学促进学生的健康发展主要体现在促进学生的心理健康发展和社会性健康发展两方面。

（1）调整心态，反思当下生活。首先，通过历史教学，对陶冶学生良好情操具有重要的作用，这也是历史课程教学的主要任务之一；其次，学生在历史课程学习过程中，了解具体的历史人物与历史事件，能有所启发，教师通过历史教学，应能起到"鉴史"的作用，有助于学生从历史事件与生活中反思当下，改善心态，积极面对学习、生活。

（2）丰富情感，完善自我人格。通过历史教学，师生通过多种教学组织形式和教学活动的开展，与历史进行对话，师生对于历史问题的思考与分析，有助于完善学生的思维与情感。很多历史事件的发生不可避免，一些历史人物的遭遇或进步思想都有其历史存在的必然性，受到历史发展局限性的制约，通过对历史问题的思考，有助于丰富学生的情感、促进学生的人格发展，还能促进学生从历史人物的为人处世、性格特征中去学会自我人格的反思。

3. 养成学生历史思维

高中历史教学不仅要为学生的升学服务，还要发展学生的历史思维，使学生学会客观看待历史人物与事件，树立正确的历史价值观。

在高中历史课程教学中，要通过学生对历史理论知识的学习，加深学生对历史知识、规律的把握，拓宽学生的视野，使学生的历史知识不断加深和扩大，锻炼和培养学生学习和运用历史知识的能力，这是高中历史教学的一个重要任务。

学生学习历史，仅仅阅读历史文字，了解历史事件并不等于懂得了它们的历史意义，学生应能够根据历史材料或历史文本探究背景、立场、角色，对史料做深度解读与判断，追寻历史解释、理解的合理性，养成历史思维。

此外，通过高中历史教学活动的开展，应使学生树立正确的历史价值观，建立唯物主义历史思维与观念，能客观、公正、全面地看待历史与思考问题，吸取历史经验与教训，体会历史的伟大意义，体验人类的艰辛与成就，感悟人类文明的恢宏与精神理论的伟大，启迪学生运用历史思维与人类社会的发展展开畅想。

4. 提升学生思想道德

学习历史能够培养学生良好的思想道德品质。历史具有良好的德育功能，在历史教学中，教师应深入挖掘历史教学的德育功能，促进学生的历史思想和历史道德的发展与提高。

在高中历史课程教学过程中，通过"监（鉴）前世之兴衰，考当今之得失，嘉善矜恶，取是舍非"（〔宋〕司马光，《资治通鉴》），来丰富学生的历史情感体验，让学生充分感受历史事件、历史精神、历史道德，培养学生良好的历史道德和社会道德。通过历史教学，增强学生的爱国意识，培养良好的个人品格，培养学生尊师重道、文明守礼的品行。

5. 弘扬优秀历史文化

人类社会的发展史，是人类不断创造文化，不断进行社会文明建设的过程，学习历史，不仅要了解和掌握历史事实、历史规律，还要学习人类历史发展过程中的各种民族文化，并重视对优秀的民族文化的传承。历史教学不仅是历史事实与过程的教学，也是文化的教育传承。在高中历史教学中，教师不仅要将具体的历史事实客观地讲述、呈现给学生，还要将历史中的文化内容传递给学生。

在高中历史教学中，教师要科学安排不同历史课内容之间的逻辑教学关系，可以把历史中不同事件、人物、国家、地区、民族之间发展的关系串联起来，通过历史文化发展宏图的构建，来了解整个人类历史的发展过程与规律，并对历史上的优秀文明与文化进行传播与传承。

在高中历史教学中，教师对历史文化的传授，或者说学生对历史文化的传承具有阶段性，历史文化的传承弘扬贯穿整个教育阶段，从小学一直到大学，各个阶段的历史教学中，教师对历史文化的传授重点、内容是不一样的，各阶段的历史文化应符合学生的认知范围，做到各个阶段历史文化传承的持续、不间断，以促进学生在各个阶段对历史文化的掌握与传承。这是历史教学在历史文化传播与传承中所发挥的重要作用，也是教师在历史教学中应该完成的重要教学任务。

二、高中历史教学的特征

第一，高中历史知识以记忆和背诵为主要特点。从一定程度上而言，历史教学就是要让学生能够更好地理解和掌握著名的历史事件以及历史事件对于后世的典型影响和意义，这就要求高中阶段的历史教师能够善于向学生引导记忆和背诵的方法，在这样的基础上，学生才能够理解历史事件的重要影响，以及对于后世发展的重要意义。毋庸置疑，高中历史课本上的很多知识点具有一定的关联性，而这种关联性恰恰是学生记忆和背诵的基础。充分认识高中历史知识与记忆和背诵的主要特点，才能够让我们更清晰地认识高中历史教学的基本着力点。

第二，高中历史教学侧重于深化学生对于知识点的理解和把握。历史教学，实际上也要求学生对于历史知识的理解和把握，因为只有学生能够真正理解历史事件的重要意义和典型影响，才能够对此展开有意义的思考。从这个角度而言，高中历史教学必须真正侧重于让学生理解知识的来龙去脉，并在这样的过程之中建立自己的历史观，才能够让学生进行有质量的学习。很多时候学生之所以学习历史的效率较低，甚至对于历史感到乏味，就是因为学生不能够理解历史知识的背后因素，也不能够展示对于历史知识的全面把握，实际上这对于学生长久的历史学习是无益的，也是不能够更好地培养学生学习历史的厚重感的。

第三，高中历史教学要充分发挥教师的关键作用。在高中历史教学中，教师如何引导和打造课堂秩序关系着历史教学的质量和水平。从一定程度上讲，教师必须综合和全面地利用各种教学策略和教学方法，来营造有利于学生学习知识的课堂氛围，这样才能够真正让学生在一种有效的课堂氛围中进行学习，达到历史学习的目的。需要注意的是，为了达到更加均衡化的历史教学，教师必须能够充分了解各个学生学习知识的特点和认知规律，这样教师才能够进行有针对性的教学，进而达到促进历史知识学习的目的。

第二节　高中历史教学的相关理论依据

一、高中历史教学的学科理论

（一）教育学理论

教育学理论是关于教学本质和一般规律的科学，通过规律性的认识来确定优化学习的各种教学条件与方法，解决各种教学问题。

古今中外的教育学理论有很多，如我国古代孔子的"学而不思则罔，思而不学则殆""循序渐进""因材施教"等儒家教学思想；我国近现代蔡元培、陶行知等倡导教学要重视发展儿童的个性，发挥儿童主观能动性的教育思想；近代捷克教育家夸美纽斯提出教育目的、内容等必须适应儿童年龄特征的"大教学论"；法国卢梭肯定儿童积极性的教育；现代杜威主张的"儿童中心""做中学"的教育观点等，这些教育学理论与观点对教学实践均具有重要的指导作用。

现代教育学理论主要研究以下问题：①研究教学本质；②研究教学价值、教学目的、教学目标；③研究教学活动关系；④研究教学内容；⑤研究师生关系；⑥研究教学方式与方法、教学模式与教学组织形式；⑦研究教学评价。

（二）心理学理论

结合高中历史教学实际，心理学相关理论在教学中的应用主要涉及教师对学生的学习心理的了解与研究。

第一，心理学学习理论。心理学学习理论是研究学习者的学习心理的学科理论知识，包括学生的学习动机、学习态度、学习过程中的心理活动变化等。个体的学习心理对个体的学习行为与学习效果具有重要影响，因此，教师有必要了解不同学生个体或群体的学习心理以有针对性地开展历史教学。

第二，心理学学习理论对历史教学的指导。心理学学习理论要求历史教师在课堂上开展教学活动，要重视学生的"人"的特性，重视学生在课堂上的行为表现与分析，要能抓住学生的学习心理与学习需求，充分利用多元教学方式方法与组织形式，来调动学生的历史学习动机、热情。

此外，了解学生学习心理，还有助于教师与学生之间和谐师生关系的建立，有助于促使传统的"单向"历史教学向"双向互动"的历史教学转变，对于良好历史课堂氛围与课堂教学效果具有重要促进作用。

（三）传播学理论

传播即信息的传递。信息传播系统的建立包括四个要素：信息发送者、信号、信息通道、信息接受者。传播学理论认为，有效的传播不仅是发送信息，还要通过反馈从接收者那里获取反馈信息，以确认信息发出的准确无误和达到信息传递效果，这有助于信息传播者完善信息传播通道，以获得最佳信息传播效果。

根据传播学理论与相关观点，可以将教学过程的"教师传道授业解惑"过程看作是一个历史教学信息的传播过程，在历史课程教学中，教师是信息的传播者，学生是信息的接授者，历史课程教学内容即传播的信息。

传播学中的信息传播模型可以帮助教师明确教学内容这一信息在信息传播中的地位和实现教学信息有效传播，获得良好历史教学效果应完善的相关历史教学因素。

此外，在传播学理论指导下，教师有必要进行历史教学的受众分析、媒体分析、过程分析、效果分析，以明确历史课程中学生的学习需求、学习内容、教学媒体、教学评价等因素，科学设计哲学因素、合理安排哲学教学因素的相互关系，才能最终获得良好的历史教学效果。

（四）社会学理论

社会学是研究各种社会现象、社会构成要素及其相互关系、社会环境、社会运动变化及社会发展规律的学科。社会学用客观和系统的方法研究社会的体制、结构、政治与经济进程及不同群体或个人之间的互动关系，目的在于获得关于社会运行与发展的知识和理论，能更好、更有效地管理社会，促进人类社会持续发展。

历史学科与社会学科主要有以下关系：

第一，历史学科能揭示社会规律，通过史学展示历史发展的规律性，预示社会发展方向，能为社会中的人树立变革与发展信心、建立正确的世界观、把握社会发展规律，对未来的社会发展预见更加科学。

第二，历史学科能为社会发展研究提供历史依据和可借鉴的经验。历史学科的基本任务之一是总结历史经验教训，避免后人重蹈覆辙，在社会实践中保持清醒，趋利避害，择善而从。

第三，社会的发展受多种因素的影响，历史学科所提供的历史事实与材料能为社会建设与发展服务，如为博物馆的陈列、文物搜集保护服务，为历史文学与影视作品服务，为国家政策的制定、军事战略的策划等提供历史依据。

第四，历史学科和社会学科均具有教育功能。通过学习历史与社会知识，能够帮助人们形成民族认同感和自信力，健全人格，不断发展个人作为现代社会人才的素养。

二、高中历史教学的理念解读

（一）育人为先理念

历史教师组织和开展高中历史教学活动，要时刻认识"育人为先"是高中历史教育教学的根本任务，潜心历史学科育人价值的理论研究，并通过历史教学实践让"育人为先"的教学理念落地生根，培养出素质全面、品质优良、符合现代社会发展需求的人才。

历史教学具有多元育人价值，历史教师应该通过开展历史教学活动，切实发挥历史学科的育人价值，丰富学生历史知识和文化，提高学生的历史意识和民族文化认同，促进学生的德智体美等全面素质的发展，将每一个学生都培养成社会发展所需要的合格建设者与接班人。

（二）以生为本理念

"以生为本"的历史教学理念是人本主义"全人教育"理念的具体体现，教育的根本目的在于开发潜能、完美人性、完善人格，成为世界公民。关于教育的目标认识——共识：教学生"做人"，教学生"做事"。科学主义教育观——人的工具性：培养能适应科技和经济发展的人作为教育的根本目的。人本主义心理学的教育目的——人的完整性：使学生成为"学会如何学习的人"到"学会如何适应变化的人"，从而成为能够适应社会要求的"充分发挥作用的人"，最终达到自我实现的终极目标。

"以生为本"要求高中历史课程与教学应面向全体在校学生，并关注学生个体差异性，做到因材施教，培养学生的学习能力和创新意识，使他们都能达到课程标准所规定的学习目标。学生个体之间存在客观差异，如他们的年龄、性别、知识基础、认知能力、性格特征、行为、习惯、动机和学习需求、文化背景、家庭条件与氛围等各不相同，历史教学就是在面对具有不同特点的学生时，通过科学设计历史教学要素、环节与过程，赋予全体学生同等的学习历史的机会和爱心，使所有学生都能达到历史教学课程标准所规定的学习目标。

在"以生为本"的历史教学理念指导下，教师应从以下方面着手：

第一，必须让学生成为历史学习的主体，关注学生的学习需求和学习体验。

第二，尊重和信任每一个学生，给每一个学生提供同等的学习历史的机会，使所有学生都能在原有基础上有所提高与发展，并达到《普通高中历史课程标准（实验）》所规定的认识水平和知识水平。

第三，建立符合学生学习特点和需要的、从学生的生活经验出发的课程体系，使学生在全面了解历史基础知识的基础上，可根据自己的兴趣选择不同课程模块进行更深入的学习，促进学生个性化发展。

第四，因材施教，探究和掌握学生心理的个别差异，从学生实际出发，通过分层要求、指导、练习、评价、矫正等手段，使不同学生都学有所得。

第五，在历史课程资源的分配上体现"人人均等"的原则，不能人为拉大地位优越的学生与地位不很优越的学生获得历史学习资源的差别。

第六，保证所有学生都有足够机会展示他们的历史学习成果。

第七，客观全面评价学生，不对任何学生带有任何偏见。

（三）落实人文教育理念

在"应试教育"价值观指导下，历史教育注重社会功能，忽视育人功能，学校历史教育以知识为中心，学生为了分数而学习历史，历史教师为了升学而教历史。在新课程背景下，历史教育的根本功能是育人，是促进学生身心和谐发展。在历史教学中，应重视从以下两方面促进历史的育人功能的实现：

第一，对学生进行人文素质培养和人文精神熏陶。《普通高中历史课程标准（实验）》在课程性质中明确指出："通过高中历史课程的学习，培养学生健全的人格，促进个性的健康发展。"掌握历史知识不是历史课程学习的唯一和最终目标，而是全面提高人文素养的基础和载体。教师应将人文精神渗透到历史新课程教学的实践中去，贯穿整个历史教学过程的始终。通过高中历史教学，使学生从历史的角度去了解和思考人与人、人与社会、人与自然的关系，关注中华民族及全人类的历史命运，弘扬爱国精神与民族精神，使学生形成开放的世界意识，形成正确的人生观、世界观以及价值观，将历史基础知识

"内化"为学生对历史基础知识的感受、体验及感悟，并外显于行为上。

第二，为社会培养合格的公民。以往应试教育中，我国历史教育承担的公民教育功能不够全面，包括高中教师群体在内的广大历史教师对历史教育与公民教育之间关系的关注也不够充分。我国经济和社会的发展，对公民的素质也提出了越来越高的要求。历史教育应在对作为社会成员的人的培养方面关注人的教育。通过历史教育教学，应加强对学生作为未来合格社会公民的教育，加强对学生的公民意识教育、思想政治、道德法制教育等，注重公民意识的培养，提高学生作为社会公民的素质。

第三节　新课标下高中历史教学的有效性思考

一、新课标下高中历史教学的有效性意义

（一）提升课堂教学效率

在高中阶段，每一个学科都有自己的学科特点，对于高中历史也同样如此，有效教学可以更好地把握历史学科特点，从而加强历史教学的课堂效率，帮助学生在历史学习过程中努力与效果成正比。在历史学科的有效教学中，教师可以在数十分钟的课堂教学中，更好地把握教学目标与教学任务，从而为学生在有限的时间里带来更有效率的历史课堂教学。教师可以通过把握历史的学科特点，在课堂教学过程中采用学生更好理解的方式进行，从而加强历史课堂的教学效果，由此，高中历史的有效教学对学生和教师都有很好的帮助作用。

（二）激发学生学习动力

高中阶段是学生压力大、情绪敏感的时期，因此，学生在面对繁重的学习任务的时候就会产生压力以及厌学的想法。在高中历史的课堂教学中，教师应该创新课堂教学，从而帮助学生更有效率地学习历史，创建有趣并有效的历史课堂。而在新课标的要求下，教师需要创建一个有效率的历史课堂，这就需要教师做到教学内容的创新、教学方式的创新、教学模式的创新以及教学评价的创新，这种有效教学可以帮助学生对高中历史的学习产生兴趣，激发学生的学习动力，从而在高中历史学习中学习到更多的知识，锻炼自己的历史

思辨能力。

二、新课标下高中历史教学的有效性策略

(一) 改变教学方式

在高中历史教学中，教材教学是非常重要的，而在高中历史教材中，充满趣味性、故事性、含义深刻的历史事件有很多，因此，教师可以改变教学方式，对于情节式的历史事件，教师可以采取看电影、组织相声表演、角色扮演的方式进行多样化教育，这种教学方式不仅可以让学生记住历史事件，落实知识点的学习，还可以帮助学生在枯燥乏味的学习中找到乐趣。同时教师采取开放式课堂的方式，在课堂中渗透一些历史观，为学生讲授一些非常有意义的历史事件中的细节或者小故事，激发学生的学习兴趣，调动学生的学习主动性，帮助学生更好地理解历史事件，促进高中历史课堂教学的有效性。

例如，在高中历史教材近代中国反侵略、求民主的潮流中，像辛亥革命、新民主主义革命的崛起等具体事件，教师可以在网上查阅有关于这一主题的系列电影，提前发给学生，让学生在课前了解基本的知识信息，从而促进学生更好地掌握课堂教学中的历史知识。在课堂中，教师还可以播放经典的片段，让学生在特定的情节上，在真实的体验中，真正去了解当时的国家情况，从而对历史事件有一个更为直观的了解，激发学生对历史学习的兴趣，提高对历史学习的积极性，促进高中历史课堂的有效性。

(二) 加强课堂互动

在高中历史教学中，培养学生的自主思考能力和自主研究能力是非常重要的，这不仅可以很大程度地提高历史课堂的质量，还可以有效提升学生的自主能动性。因此，教师可以在历史课堂教学中创新教学方式，开展翻转式课堂，让学生来讲解，促使学生对教材知识内容有自己的思考，在课堂中表达自己的想法，培养属于自己的历史价值观，促进学生的主动性，提高学生的教学主体地位，加强课堂过程中的师生互动，这样不仅可以改变传统高中历史课堂的枯燥，还可以帮助学生培养对历史的兴趣，从而符合新课标的历史教学要求，更好地促进高中历史教学的有效性，更进一步挖掘历史内涵，发挥学生学习的主动性。

例如，在对于中国传统文化主流思想演变的教学中，教师可以运用翻转课堂，让学生来讲述中国传统文化主流思想的演变，包括思想的演变过程、代表人物、朝代更替、思想

变化等丰富的内容，学生通过对这些内容具体的研究，可以更为深刻地了解古代传统思想的演变。同时，学生还可以从自己准备和讲解历史知识的整个过程中，逐渐培养对历史的学习兴趣，发现其中的奥秘。这样，在开展高中历史教育课堂师生互动的过程中，慢慢地加强了学生对高中历史课堂的认识和学习兴趣，提高了课堂教学的有趣性与教学有效性。

（三）培养分析能力

在高中历史教学中融入史料教学，对培养学生的自主思考能力和自主研究能力有非常重要的帮助作用，教师可以在历史课堂教学中创新教学方式，在进行教材知识的讲解中进行史料的融入，从而帮助学生对教材知识内容有自己的思考，在课堂中表达自己的想法，培养属于自己的历史价值观，促进学生的主动性，提高学生的教学主体地位。在进行高中历史的教学中，对优选的史料素材进行讲解，重视培养学生的独立性与创造性，从而提升学生的历史能力和历史素养，提升高中历史课堂的有效性。

例如，在进行高中历史"程朱理学"的讲解中，教师可以找到关于北宋时期的史料，之后再与学生一起解读北宋时期的历史背景，阶级矛盾以及文化运动。由此，教师可以针对北宋时期的历史背景的展开对程朱理学的讲解，深刻剖析程颢、程颐以及朱熹的思想主张。利用史料来开展高中历史的课堂教学，可以将高中历史教材的知识更好地为学生讲解，促进学生对于历史的理解性，将历史教学与新课标的教学要求相结合，促进高中历史课堂教学的有效性。

第二章 | 高中历史有效教学的内容体系

第一节 高中历史教学的核心素养

一、高中历史教学核心素养的要素分析

（一）核心素养要素的主要内容

历史学科核心素养的概念主要有两方面：首先，历史学科素养是历史课程的总目标，是学生发展核心素养在历史课程学习中的具体体现，学生在历史学习中获知的关键能力和个人修养品质，是知识与能力、过程与方法、情感态度与价值观等方面的综合体现；其次，"核心历史知识应包括时间知识、空间知识、人物知识、史观知识；历史核心能力包括运用时空知识准确表达历史的能力、理解历史的能力、解释历史的能力和运用史料的能力；历史核心态度主要包括对自身的态度、对国家和社会的态度"① 等。

总体而言，我国的教育研究者对于历史学科核心素养培养目标各有侧重，但是培养的方向基本一致，都强调培养学生的空间思维能力；都强调学生的史料运用能力，主张收集史料、辨别史料、分析史料、解释史料、对史料做出评价和形成正确的历史观；都强调高中生的历史认同感，包括家国情怀、国际意识、正确的历史价值观等。我国历史教育家综合国内研究成果，结合历史学科特点，最终提炼出高中生应具备的能力和关键品格，并将其凝练为五大历史学科核心素养，具体如下：

第一，唯物史观。唯物史观是正确揭示人类社会发展规律重要的历史观和方法论，对于认识人类历史具有至关重要的作用，能够指导历史学习者和研究者从显性的历史表象中揭示隐性的历史本质。唯物史观使历史成为一门记录人类数千年不断演进的历史过程和客

---

① 张旭梅. 高中历史教学中核心素养的培养 [D]. 海口：海南师范大学，2017.

观解释历史事件发生的因果关系的学科。史学家只有在唯物史观的指导下，才能够对收集到的史料进行科学的分析、做出合理的解释，才能使历史的描述更加接近本真的历史，从而发现历史发展的规律。高中历史学科在唯物史观素养方面对学生的要求为：学生能够正确理解历史发展的客观规律，逐步学会在唯物史观的指导下对历史人物和历史事件进行系统的分析和客观的评价，在生活中，能够客观地看待社会现象，积极面对人生。

第二，时空观念。时空观念是将历史研究对象置于特定的时间、空间和地理条件之下进行观察、对比、分析的观念。时空性是历史学科具有的最本质、最显著的特性，任何历史现象的产生都与当时的时代背景和独特的地理条件有着必然的联系，只有在特定的时空观念之下，才能够对历史史实做出正确的解释。新历史课程标准对于高中生历史时空观念培养的要求为：①通过特定的历史时空，考查学生获取材料信息、分析问题的能力。高中生要求能够明白一切历史现象的出现都与当时特定的时代背景和地理条件有着千丝万缕的联系，学会按照历史现象产生的时空背景和地理环境等要素，将前后依次出现的历史事件、历史人物关联起来，通过客观的分析和理解，做出合理的叙述。②通过特定的历史背景，考察历史空间观念。在观察社会现象时，能够主动置身于特定的时空下去理解、分析，做出合理的评价。

第三，史料实证。史料实证是指基于对文物、墓葬、文献、遗迹等的研究，不断获取到丰富的史料并对其进行分析，努力还原真实历史的态度和方法。在透过历史表象探寻人类历史发展本原的过程中，拥有丰富的史料是其首要条件，然后运用唯物史观对经过长期挖掘、收集、整理到的史料进行分析，做出符合历史发展规律的合理解释。在这一认识过程中必然要求对史料进行实证，对已有的史料进行真伪的分辨和价值的判断。在评价历史人物、历史现象时也要将史料作为重要论据，也需要基于史料实证方法辨别真伪。因此，无论从历史本身而言，还是从历史教育价值取向而言，史料实证都应该作为高中应必备的学科核心素养之一。在高中阶段历史课程的学习中，高中生应达到的时空观念目标为：认识到史料是一切历史认识的来源，能够掌握收集史料的多种途径，学会对史料去伪存真，从史料中提取核心信息，判断史料的价值，逐步形成史料实证意识，学会运用实证精神对待历史与现实问题。

第四，历史解释。历史解释是以丰富的史料为基石，以科学的史料实证为保障，以符合社会发展规律的对历史现象的正确理解为依据，从而对历史现象、历史人物做出准确分析和正确评价的研究态度和方法。从历史认识论这一层次而言，历史是指过去发生的一切，历史研究的独特性就在于历史研究者永远无法直面历史本身。无论历史遗留下的化石、文献、文物、历史遗迹、社会风俗等历史史料多么丰富，史料本身并不能说话，不能形成一个完整的体系。为了使历史描述更加接近历史本身，史学家必须对史料进行收集、分析、整合，客观地理解历史事件，发现历史人物与历史事件、历史现象间的因果联系，总结历史发展客观规律。

我国部分地区对高中生历史现象的解释能力做了规定，内容为：具备对历史现象发生的各种因果联系做出合理解释的能力；能对历史事件、历史现象做出客观的评价；能够明白同一历史事件会有不同的解释，并能深刻地分析各类历史解释存在的合理性和局限性。借鉴国内外历史解释的培养目标要求，可以将历史解释的培养目标定为：通过历史课程的学习，学生能够客观地认识到同一历史事件会有多种甚至不乏彼此互相违背的历史解释，能够通过自己对史实的掌握对各种历史解释的合理性做出判断和评价，能够有理有据地对历史人物、历史事件进行叙述和做出自己的评价，并能通过历史表象发现历史事物间的因果联系，在全面、客观的视角下看待历史与现实问题。

第五，家国情怀。家国情怀是认识历史、探究历史、评价历史人物时应具备的浓厚的爱国主义精神和社会责任感。高中生在历史学习和探究中，应充满人文情怀和价值关怀，了解中国古代、近代、现代的发展历程，从历史的角度分析当今国家发展局势，产生对国家的热爱之情；在学习中国古代历史长期的碰撞与交融过程中，认识到在保留各民族特色的基础上中华民族最终走向统一是历史发展的必然趋势，理解各民族的文化、风俗都是中华民族文化不可或缺的艺术瑰宝，尊重各民族文化的独特性，逐步增强民族凝聚力，发扬传统文化的精髓；形成高尚的道德，理解并认同国家倡导的价值观念，树立健康积极的人生态度；着眼于国际问题，尊重世界文化的多元化。

（二）核心素养要素间的相关联系

历史学科五大核心素养是一个互相联系、不可分割的整体。唯物史观居于核心理论地位，是五大历史学科核心素养的精髓，作为探寻历史本质、寻求历史发展规律、总结历史发展经验、评价历史事件的指导思想；时空观念居于核心方法地位，是认识历史所必备的重要能力，是高中学生形成完整的知识结构最基本的依据；史料实证居于核心方法地位，为进一步对于史料的理解和解释提供可靠的史料依据；历史解释居于核心能力地位，是对真实史料通过史料实证的方法形成历史理解，对历史做出的描述和评价，是考查高中生历史观的重要指标；家国情怀居于核心价值观地位，是学生通过历史知识的学习在思维、情感态度、价值观等方面的重要体验，是学习历史的最终归宿，也是历史本质的回归。

学生在完成学业之后，历史学科主要使学生终身受益的就是，学习过程中不断培养、塑造起来的历史核心素养。唯物史观是他们探究社会的指导思想，时空观念能够让他们学会在具体的时空下观察社会，史料实证观念能够让他们具有实证和理性精神，历史解释能够让他们学会站在宏观的、相互联系的、发展的视角去观察社会，看待社会问题，评价社会现象。家国情怀最终能够帮助其在社会实践中体会历史学科教育赋予人的真正价值。

二、高中历史教学核心素养的主要特征

五大历史学科核心素养是将国家倡导的核心素养与历史的本质特征相结合之后从中提取的最基础、最精髓、最核心的要素，是每一位高中生都应具备的核心素养，关乎学生的升学、就业及终身的发展。高中历史教学核心素养的特征如下：

第一，核心素养以知识为载体培养。对于高中历史课程学习而言，学生最容易遗忘的就是历史知识，而保留下来的就是自身所具备的历史学科核心素养。历史学科核心素养是通过学习获得的，知识是一切信息的传递、能力提高和情感体验的基点，任何教育活动的开展都要以知识为载体。高中历史课程教育应该把教学科知识转变为通过教知识培养核心素养，以历史知识为载体，以历史教学活动为有效途径，通过对知识的获得、加工和处理，逐渐积累、消化、吸收，升级为高中生的历史学科核心素养。

第二，核心素养呈现出连续性与阶段性。一方面，历史学科核心素养的培养过程是学生在历史学科课程连续性的学习中不断地拓展、深化的过程，随着社会的发展、自身需要的加强，自身的品格不断得到升华，需要教育对历史学科核心素养的连续性培养；另一方面，在不同的教育阶段，历史学科核心素养各个构成要素培养的侧重点各有不同，不同的教育阶段对于各核心素养构成要素的培养方式也有所不同，历史学科核心素养展现出明显的、突出的阶段性特征。

第三，核心素养具备个人价值与社会价值。"素养"对于高中学生的发展而言早已突破了职业和学校的范畴，历史核心素养的培养不仅是为了学生现阶段的升学和就业，更是为未来的发展奠定坚实的基础，最终把学生培养成为一个高素质的人才。学生离开校园以后，运用历史核心素养和知识与技能为社会做出应有的贡献，满足国家对于高素质人才的需要，自觉地服从社会利益，促进社会的发展，实现核心素养的社会价值。个体的学习、生存、娱乐和工作也要依赖社会的发展：其一，个体通过奋斗获得社会的回馈与尊重；其二，只有全民道德素质的提高，社会才能和谐安定，个人才能得到更好的发展，这是核心素养的社会价值反作用于个人的体现。

第四，核心素养作用的发挥具有整合性。历史学科核心素养各构成要素没有主次之分，都具有举足轻重的作用，因此，教师教学活动中需要基于情境对各构成要素进行整合，使这五大核心要素相互培养、相互配合、均衡发展、共同作用，最终对于学生的升学、可持续发展、终身发展起到至关重要的作用。核心素养的整合性作用的发挥不仅是指历史教育活动中，历史学科核心素养各构成要素的培养具有系统性和整体性，也揭示了各核心要素在实践运用中，彼此相互协调、相互配合、相互促进，共同发挥作用。

三、高中历史教学核心素养的培养策略

（一）定位核心素养，有效设计教学目标

一切教学活动的实施都要以教师设计的教学目标为出发点，因此，应该以高中历史学科核心素养培养为宗旨设计课堂教学目标：首先，教师必须研读学科核心素养的概念和内涵，明确各构成要素之间的关联，精准定位课程标准对历史学科核心素养的培养要求；其次，教师在制定教学目标的过程中，必须深入了解所在班级学生的认知水平和学情，依据所得到的结果和学生多方面的差异性，结合本课的知识体系，确定合理的教学目标；最后，教师应深刻认识到高中生历史学科核心素养的培养并不是一蹴而就的，而是与学生的性格、心理发展变化、年龄发展特征和认知水平相适应的一个循序渐进的，逐步深化的过程。

1. 依据课标标准，涵盖核心素养

高中历史学科核心素养是一切历史课堂教学活动的精髓。随着历史学科核心素养理念的产生，新课程标准制定的依据从之前的注重历史知识体系转向"以人为本"的教学理念。当前，以培养学生历史学科核心素养为核心目标的新《普通高中历史课程标准》代替传统的课程标准，成为最新指导教学的指南针，它统领着教学内容的编排、教科书和教参的编写、课程多少的选择、教学难易程度的要求，所涉及的都是历史课堂教学目标应该整体、全面考虑的对象。学生历史学科核心素养的培养也不能够脱离合理教学目标的设定，离开知识这一载体和教学活动这一必要途径，因此，依据课程标准设计教学目标是促进高中学生历史学科核心素养形成的关键。

在教学目标中，高中历史教师应更加注重学生的发展需求。新课程标准要求展现学生是学习的主人的原则。教学目标源于需求评估，之后在课程范围内分析目标本身最终导致对教学结束后学生将能得到什么做出具体说明。教师要基于学生的学情、学科知识结构的

掌握和认知水平制定教学目标。根据不同的认知水平、不同的学情，对于学生历史学科核心素养的培养要求也大不相同，教师应确立多样化的教学目标。教学目标的确立只有与学生认知水平相适应，才能够保证历史学科核心素养目标真正展现在每一个学生学习的目标之中，做到真正定位历史学科核心素养。

2. 确立核心目标，体现核心素养

教学目标的确立，应强调核心目标，从高中历史学科核心素养出发并贯穿整个历史课堂教学目标中，具体从以下几方面探讨：

第一，求真。历史学科最突出的特征就是历史的求真。教师在设计教学目标时，应明确学生学会收集资料，能够尊重历史，用史实说话，从不同的角度、不同的维度去分析、客观评价历史等方面的要求。在历史课程的学习中，学会通过多种渠道收集资料，构建自己的论据，对历史事件按照时间顺序和内在逻辑进行分析、比较和总结，做出自己的理解和解释，提升史料实证和历史解释能力。

第二，学会历史学习方法。在历史学科核心素养中，唯物史观处于首位，学生应先明确唯物史观的基本方法和内容，正确理解唯物史观是科学的、正确的历史观，不断地积累唯物史观的基本方法并能够灵活地运用于分析、处理历史与现实问题。在史料实证培养目标中要求学生能够了解史料收集的多种渠道，掌握史料收集的基本方法，并能够对史料加以辨别并做出解释和评价。

第三，培养正确的家国情怀。高中学习阶段是学生获得情感体验和培养价值观的重要阶段，所以应强化对高中生情感体验和价值观的培养，培养学生的爱国情感和了解国际局势的兴趣，从历史的发展历程中发掘智慧和总结经验，把高中生培养成为具有高尚的品德和深厚人文底蕴的人才。

3. 确立层次目标，体现核心素养

历史教学目标的设计要细化，确立分段目标，确保目标在课堂中具备可操作性，以便落实核心素养培养目标。从整体上而言，教学目标是由各分层加以整合而成的一套目标体系，因此，应注意整体与分层相结合，既要在整体的统领下制定分层目标，又要在分层的目标中逐一实现教学目标，落实核心素养培养目标。从纵向上一般将历史教学目标划分为由高到低三个层次，具体如下：

（1）课程目标，即将传统的目标经过提炼整合而成的高中学生应该具备的关键能力和必备品格，也就是历史学科核心素养，它作为第一层次目标对其他层次起着统领作用，其他层次目标是它的具体分类和实施方式。

（2）模块目标。历史必修课程是公共基础课，设一个模块为"中外历史纲要"，旨在揭示人类社会发展的基本历程，每一位高中生都应该修满该课程学分。高中生应该在必修课程中理解时空条件下历史的变迁，掌握史料实证的基本方法，在此基础上对社会的发展历程做出正确的理解和解释。选修 1 课程设三个模块，分别为"国家制度与社会治理""经济与社会生活变迁""文化交流与传承的历程"，各模块的结构由若干学习专题构成，在专题下的具体目标则依照时间顺序编撰，引领学生从经济、社会生活等方面进一步对世界历史有一个更加全面、系统的了解。选修 2 课程包括国家课程和校本课程。国家课程包括两个模块，分别为"史学入门""史料研读"，主要目标是培养学生的历史学习能力和史料实证、历史解释素养。校本课程的编订主要是为了增加学习的趣味性，增强学生的求知欲和体现学校的教育理念，培养家国情怀。

（3）课时目标，是前面层次目标的具体化，是高中生历史学科核心素养培养的落脚点。教师要着眼于整体目标，合理分解层次目标，把握主题目标这条主线，结合本课知识特点，把历史核心素养的培养目标最终融合进本课目标中。

教学目标的设计不仅针对历史学科知识的分层，依据班级学生水平差异也要分层设计。在以往的历史教学中，很多历史教师忽视了学生个体认知水平差异性和性格的多样性，只设计一个课堂教学目标。在课堂教学中，要求不同等级的学生达到相同的预期目标是没有合理性的，难以保证历史学科核心素养的培养落实到个体的具体学习任务中，因此，教学目标应该根据学生历史知识基础、性格特征和认知水平之间的差异，由易到难、由浅显到深奥分层设计。这样设计历史课堂教学目标，才能使历史学科核心素养目标落实到个体上，从而使每一个学生都能获得自身最完美的发展，在学习中收获成就感。

4. 加强目标监控，优化核心素养

加强目标的监控是优化核心素养培养方式的重要推力。因为高中历史课堂教学目标是为了使历史教学更加有效地进行，更好地促进高中生历史学科核心素养的形成。历史教学目标监控的结果是一种信息反馈，可以了解各方面的情况，可以判断教学目标设计的合理性和缺陷，矛盾和问题，长处与特色，为调节教学目标使教学能够始终有效进行提供了依据，为高中生的学习提供导向作用。因此，历史教学目标的监控将推动历史教学工作者不断努力地完善自己的教学设计，从而更好地完成教学任务，优化高中历史学科核心素养的培养方式。

（1）目标导入，强化学生的历史学科核心素养。在非常明确的目标引导下，高中生已经具备了自主学习的能力，能够主动排除学习的无目的性，自觉地将注意力投入学习中，学习兴趣也会增强，所以目标的导入，可以强化学生的历史学科核心素养自觉培养意识。教师可以利用导学案、小白板、多媒体等教学资源，明确教学目标，增强学生历史学科核心素养自觉培养意识。在时机上，教师可以在课前预习时给出，也可以在教学活动展开时给出教学目标，还可以在本课内容学习结束以后，通过总结再次强化教学目标，以考查核心素养培养成效。

（2）调整目标，检测学生历史学科核心素养达成。教学目标可以依据学生的水平适当地做出调整。在教学过程中，教师应主动地参与学生的合作探究中，以课时跟踪监测等方式，及时获取学生的学习情况，检测学生的学科核心素养，不断对教学目标做出调整，以适应学生的实际认知水平。在课堂教学活动结束以后，教师也可以设计与教学内容相关的话题，引导学生进行合作探究，并引导学生收集资料、分析评价并做出自己的解释。这样，无论是在课堂学习中还是课下复习巩固中，学生都能够明确学习任务，同时教师也能有效地检测到学生核心素养的达成情况，并为下一阶段、更深层次的历史学科核心素养培养奠定良好的基础。

良好教学目标的确定对于高中生历史学科核心素养的培养起着决定性的作用，历史学科核心素养培养应以教学目标设计为出发点。科学合理的教学目标是其他培养策略的指路明灯，没有它，其他的培养策略就找不到方向和归宿，只有在科学合理教学目标的指引下才能更好地运用其他培养策略。

（二）紧扣核心素养，有效创设问题情境

运用历史细节、故事、图片、人物和史料的典型性特点创设情境，紧扣核心素养培养目标，提出有关问题，引导学生在独特的历史氛围中学习历史、探知历史，调动学习的积极性，激活思维，激发内在潜能，提升历史学科核心素养。

1. 巧妙创设问题情境，高效培养核心素养

教师在创设问题情境时应达到两个层次的目标：一是创设巧妙的问题情境，引导学生增强求知欲，提升学习动力；二是巧妙地诱导学生思考，激发学生的思维，使学生逐步掌握合理运用思维的方法，能够跳出问题情境，达到良好的学习效果。教师问题情境的设计只有达到以上两个层次的目标，才能高效地培养学生的历史学科核心素养，具体如下：

（1）在知识迁移处创设问题情境。教师可以借助学生已有的知识设置新情境，启发学生的分解、比较、推理、联想、转换及重组等思维活动，寻找出解决问题的关键点，掌握知识的实质，行之有效地培养学生的历史学科核心素养。

（2）在学生知识的模糊处创设问题情境。很多高中生容易在自主学习的过程中囫囵吞枣，对历史基础知识掌握不够扎实。对此，教师要针对知识模糊处创设问题情境，抓准切入点，使学生的短板显露出来，然后对症下药，因材施教。

（3）在学生思维的死角创设问题情境。经过一段时间的学习之后，学生历史知识的学习就会形成固定模式和思维定式，自身很难再突破常规，因此，教师要抓住学生思维的死角创设问题情境，把学生带入欲罢不能的境地，开拓学生的思维，指导学生一步步推敲，最终使学生获得多角度分析问题的能力，帮助学生提升自身的历史学科核心素养。

2. 创设多元问题情境，着重培养核心素养

（1）运用实物、图片创设问题情境，着重培养时空观念素养。任何历史事物都不能脱离特定的历史时空，历史的研究者和历史学科的学习者都应该主动地将史事放在特定的时空中去研究、探索并做出合理的历史解释。教师采用适当的图片设计问题情境，着重提高学生的时空观念。以"夏、商、西周的政治制度"对比为例，通过在多媒体上清晰地展示"大禹治水图"和"戴冠冕的夏禹"两幅画像，教师可以由浅入深提出一些问题："这两幅图片中所描绘的分别是哪位历史人物；两幅画像中的人在穿着、头上的装饰、手中拿的器物以及人物的神态等方面有何不同；你认为夏禹的地位发生了哪些变化；这种变化反映的实质是怎样的。"通过这一连串的问题，把学生带入特定的时空中，使学生能够很快地抓住问题的突破点，找到图片中的关键信息，展开思维活动，突破知识难点，寻找解决问题的方法，形成自己的认识。

对一些学生理解起来较为困难的问题，例如，由部落到国家的演变，由王位世袭制到禅让制、家天下取代公天下是历史发展的必然结果等，都能够通过这两幅图片背后隐藏的历史信息得以解答，这样作为高中历史课堂的第一课中的第一小节，通过大禹的两幅画像的对比，学生进入特定的历史时空中，能够自觉地产生时空观念的意识，在逐步学习中学会主动地将史实带入特定的时空中去分析和解释历史问题，达到历史课程标准要求，实现时空观念培养目标。

（2）运用文献史料创设问题情境，着重培养史料实证素养。历史是一门强调以史料分析为依据的、以史论结合为特征的人文科学。历史教师应筛选出具有代表性、典型性、能反映历史本质的文献史料创设问题情境，引导高中生学会从多个维度、站在同一时代不同阶层的立场去分析历史大背景，培养学生的史料实证素养。

（3）通过角色的扮演创设问题情境，着重培养历史解释素养。教师可以通过学生角色扮演创设问题情境，使学生融入情境中，加深对历史事件的理解，提高历史解释能力。

（4）通过联系现实创设问题情境，着重引导学生进行情感体验。历史教师可以在历史课堂活动中，联系当今世界，注重高中生的情感体验，培养高中生的爱国情怀。

（三）提高核心素养，倡导活跃合作探究

合作探究学习就是从高中历史学科知识或社会生活中寻求素材创设问题情境，通过师生、小组成员之间相互讨论、合作、辩论等方式寻求解决问题办法的一种教学模式。合作探究学习对于学生自觉性和积极性的调动有不可替代的作用，对于提高历史教学效率和促进历史学科核心素养的形成具有重要意义。教师应当努力寻求适合开展合作探究的时机，充分发挥学生主动性，按照一定的程序开展教学活动，提高学生历史学科核心素养。

1. 遵循合作探究主要原则

新历史课程标准着重强调合作探究教学模式，同时合作探究教学模式的成功与否也是检验新课改成效的标准之一。为了利于学生历史学科核心素养培养目标的落实，在实施合作探究的过程中，必须遵循学生主体与教师主导相结合、基于现有认知水平开展合作探究、历史内容与情境选择相适应等原则，以促进学生历史学科核心素养培养的落实。

（1）依据学生已有知识与能力开展合作探究的原则，强化核心素养。在合作探究活动中，教师应该处理好班级学生因知识、能力与智力等因素，可能出现与课程标准对于历史学科核心素养培养要求相脱节的矛盾。如果不能认清矛盾从而很好地解决矛盾，就会导致学生的知识迁移和核心素养的培养陷入误区。如果合作探究问题的设置过于简单，就无法达到预期的历史学科核心素养目标；如果合作探究问题的设置过难，就会超出学生认知水平，学生学习困难，就会失去学习兴趣，历史学科核心素养培养也成为不可攀越的高峰。因此，应准确把握历史课程标准对历史学科核心素养的培养要求，依据学生已有知识与能力开展合作探究。

（2）坚持学生主体与教师主导相结合的原则，强化核心素养。历史学科核心素养的培养是在自主合作探究学习中，学生以知识为载体开拓思维、体验情感和培养自主创新能力的过程，而不是在教师分门别类知识的灌输中简单地获得教师思维的模仿，因此，历史课堂教学必须坚持学生主体与教师主导相结合的原则。在高中历史课堂的合作探究学习中，既强调学生的主体地位，注重学生是学习的主人，又主张教师做好思维的引导者、合作探究的组织者、学习结果的诊断者，发挥主导作用，充分地开发学生思维潜能，促进学生历史学科核心素养的形成。

在合作探究中，遵循学生主体和教师主导相结合的原则，发挥好两者的作用，教师首

先要做好"六导"工作：①运用历史知识的魅力、新旧知识的碰撞、富含理性的推理和与现实生活联系紧密的事情设置疑问，引发学生思维活动，激发学习动机，做学生学习的诱导者；②指导学生努力探寻问题解决途径，发挥联想，探寻新思路，做学生学习的指导者；③采取多样化的方式，引导学生学会思考，开拓学生的思维，做学生学习的引导者；④对学生学习的思维障碍进行疏导，做学生学习的疏导者；⑤根据学生的差异性对学生进行个别辅导，做学生学习的辅助者；⑥根据历史学科的人文性特征，积极倡导学生人文情怀、正确历史观和唯物史观的培养，做学生的引路人。其次，教师应该尊重和相信学生，信任学生有独立完成学习任务和组织自主合作探究的能力，尊重个体之间的差异性，根据学生的差异性特征，分配学习任务，使每一个学生都能参与到合作探究活动中，尊重学生的创造性，激发学生的潜能，鼓励学生创造性思维发展。只有学生主体与教师的主导作用相结合，才能真正强化历史学科核心素养。

（3）遵循历史内容与情境选择相适应的原则，强化核心素养。在有限的历史课堂教学活动中，教师只有遵循内容与情境相适应的原则实施合作探究模式，才能发挥合作探究模式最有效的功能，使历史学科核心素养的培养达到最佳效果。针对相对简单的知识点，教师应采用讲述法，而针对课标要求层次较高又是本课重难点且能够激发学生情感的内容，可以选用合作探究模式，这样既能够保证教学任务按时完成，还能抓住有利的时机，开展合作探究活动，有效培养学生的历史学科核心素养。在合作探究的过程中，历史教师应注意情境选择与历史内容相适应的原则，采用合适的教法，选用适当的情境，加深学生对知识的理解，促进学生历史学科知识结构的自动生成，培养高中生的历史学科核心素养。

2. 依据程序开展合作探究

（1）创设情境，提出问题。开展合作探究要与创设问题情境结合起来，问题情境的创设是有序实施合作探究活动的基础和准备。创设问题情境主要是为了创造一种特定的历史情境，使课堂有一种历史再现感，以激发学生探究问题的积极性和创造性，挖掘学生的潜能，激发学生在情境中快速高效地理解历史事件，通过分析和加工，形成自己的历史解释并能准确地表达出来，培养历史学科核心素养。在创设问题情境时，教师要提出与本课教学内容密切相关且容易引发学生质疑的问题，引导学生通过多种途径收集史料，学会判断史料的真伪和价值，从史料中提取有效的信息进行分析，在唯物史观的指导下对史料做出解释，为下一环节的开展做好准备，培养学生的历史实证、历史解释和唯物史观核心素养。

（2）分组探究，交流合作。分组探究，交流合作是合作的最重要环节，也是学生自我培养历史学科核心素养的关键环节。在班级授课的模式下，以小组的形式开展合作探究。合理的分组是有序开展合作探究的前提，也是培养历史学科核心素养的有效保障。合理的分组应注意以下几方面：

第一，每个小组人数应在 4~6 人之间，这样的人数限定是为了保证每一位孩子都能获得参与合作探究的机会，人太多不能充分展现学生的个性发展；人太少不利于学生思想的碰撞，不利于有效地培养学科核心素养。

第二，小组人员内部组合和班级分组要采取同组异质和异组同质的原则。"同组异质"原则是指同一小组内部，小组成员的知识结构、兴趣特长、课堂表现等要充分体现出一定的差异性，这样才能够在互帮互助、互相学习、互相激励中共同培养历史学科核心素养，形成优势互补。所谓"异组同质"指的是各小组的综合水平应处于同一层次，确保各小组都处在同一起跑线上，激发学生集体竞争意识，在这两大原则下分配小组成员既能确保各小组实力相当，做到公平公正，又能体现学生的差异性，发挥各自的优点；既能够确保核心素养的目标培养落实到每一个孩子身上，还能展现学生个体的差异性，发挥各自的优势。

第三，每位成员都应该有明确的学习任务和分工，并定期更换小组之间的成员和角色。每个小组内部组长、观点记录员、资料收集员、发言人都应有指定的人员，小组长能够培养组织、管理能力，记录员能够培养概括总结能力，资料收集员可以培养史料实证和历史解释能力，当发言人能培养语言组织能力、学会运用唯物史观分析问题的能力。小组成员间各有明确分工、相互配合，又能培养集体合作意识。定期更换小组之间的成员和角色，是为了最大限度地激发学生的思想交流，确保每个学生都能体验各种角色，培养各方面的历史学科核心素养，促进五大核心素养的均衡发展。

各小组在明确问题和职责之后，从各种渠道收集资料，并能够在收集到的史料中学会相互验证，辨别史料的真伪，培养史料实证意识与能力，然后对史料进行整理、分析，并形成各自的观点。小组内部对各自观点进行交流，对问题的难点进行分析、讨论，逐步突破，对相互对立的观点进行辩论，取长补短，听取他人的意见，加深对新知识的理解和认识，在交流过程中逐步接近历史的真相，对问题形成系统、科学、全面的认识，促进历史理解和历史解释素养的形成。最后小组内部形成代表性的意见，发言人发言，阐述本小组的观点，教师可以根据学生的发言引导学生运用唯物史观分析问题，透过历史的表象看到历史的本质，正确评价历史人物，认识历史发展规律，寻找情感共鸣，激发爱国情感和责任意识，培养家国情怀。学生既能提升自主思维的能力又能掌握在合作交流中学会学习的方法，综合促进历史学科核心素养的形成。

（3）答疑解惑，评价概括。答疑解惑，评价概括环节是合作探究的高潮。在上一环节中，经过小组内部问题的合作探究，大部分的问题已经得到解决，但是受学生认知水平的制约，有些问题理解可能不够透彻，这就需要教师针对学生的疑惑点，开展答疑解惑，进一步提高历史学科核心素养。在总结中，教师要指导学生在合作探究中学会掌握基本的讨论方法和技巧，引导学生学会倾听和表达，在合作中学会与他人分享收获的喜悦。在学习的过程中，不仅要掌握历史知识，还要形成正确的价值观。所以在答疑解惑之后，教师要针对整个问题的讨论进行客观的评价，帮助学生形成正确的历史价值观。

（4）反馈巩固，消化吸收。在讨论、总结、评价之后，教师还应该深入学生中和学生平等交流，听取学生的反馈信息，解决个别学生的困惑，确保历史学科核心素养的培养落实到每个学生。经过师生之间讨论交流，学生真切地参与到知识的认识过程中，在潜移默化中开拓思维，情感在无形中得到升华，提高了自身的历史学科核心素养。

学生学习历史知识和培养历史学科核心素养是为自身的发展服务。学生想要获得更好的发展，必须反复地练习对学习效果产生强化作用，在不断强化中对自己学到的概念、历史学习方法加以巩固，进一步提高自己的能力，促进历史学科核心素养的形成。

（四）立足核心素养，进行学科情感体验

高中生历史学科核心素养的培养不只是简单地要求历史基础知识的获得和历史知识结构的构架，更注重以知识为载体获得情感的体验，从而由内转化为优秀的品格，在外体现为崇高的行为。历史学科要求的情感体验主要是指培养学生的家国情怀。家国情怀既是历史学科核心素养重要的构成要素，同时又是历史课堂教学的核心。历史的学习过程就是一个知识与情感相互交融的学习和体验过程，家国情怀的获得、情感价值观的形成不是朝夕就能做到的，需要教师在教学过程中，采取行之有效的方法进行潜移默化的渗透和陶冶。

1. 定位历史教学设计的情感目标

在高中历史教学设计中，无论是知识的学习还是学习知识的方式引导，都要把学生家国情怀的培养、学生情感的触动作为最终的指向。教师在教学过程要注意在知识目标的实现基础上，进一步将教学目标升华为实施性强的、与本课内容相适应的、问题情景化的情感培养目标。

（1）根据高中历史课程内容，确立情感培养目标。情感目标的确立并不是教师凭空想象出来的，也不是教师强加给学生的，必须是建立在历史知识与能力目标的基础之上，明

确情感目标是指以知识与能力目标为基石内化为学生的情感体验。

（2）根据课程内容，适当地表述情感目标。目标的实现是一个一体化的过程，而且情感目标的培养必须以知识为依托，因此，在情感目标的表述中，应该将知识、能力、情感等目标整合起来，才能体现目标的整体性。

2. 利用各种资源实现情感体验

想要完成预期的情感目标，正确处理教学素材与情感目标之间的关系是非常必要的。

（1）充分利用教科书素材，实现情感体验。教科书是以课标为依据，经过专家严格的筛选、反复的考证、系统的整合编撰而成的，它引领着教育思想培养的方向，也蕴含着情感目标。而且历史教科书中的素材也最具有典型性，能够一针见血地揭示历史发展的本质，学生在阅读后，能够满足自身的情感体验。

（2）运用典籍、文献、文物、历史博物馆等资料，实现情感体验。此类素材一般用于对历史人物评说，以及感受劳动人民智慧的结晶，培养学生的家国自豪感和增强学生家国凝聚力。

（3）利用多媒体、网络技术、电子图书馆、战争革命纪念馆等视频、图片、文字、音频资料以及访谈革命先烈等方式搜集素材，实现情感体验。当前科技发展迅速，运用多媒体教学更为普遍，利用多媒体的图片、文字、视频中展示的不再是枯燥的历史，而是具体化、生动化的历史，学生在浓厚的历史学习氛围中，能够引起感官刺激，情感培养热情更加高涨，容易达到情感教育目标。

（4）运用乡土素材，实现情感体验。教师可以在历史教学中穿插一些乡土材料，一方面可以拉近历史与现实的距离，使历史贴近生活，从而引起学生的兴趣，引导对历史知识有更深刻的了解；另一方面能够激发学生热爱家乡的情怀，实现情感体验。

3. 把握情感素养中的层次结构

（1）以情深化知识，确立内部情感。以情深化知识，确立内部情感是情感素养培养的第二层次。在达到外部情感体验之后，学生再次深入思考，对所感悟的历史研究对象进一步评价反思，有明确的是非观念，能够形成正确的评价，情感体验有了质的飞跃，从情绪变动转向价值的判断。在情感素养培养的关键环节，教师可运用以下方式引导学生确立情感态度：

第一，培养优良的品德。在中国历史上，有谦和好礼的美好情操、有勤俭廉政的典故、有刻苦学习的典范、有笃实宽厚的实践精神，在教学中，应引导学生在古老浓厚的文化底蕴中，体会中华民族的优良传统，学习古人崇高的品德，坚定信念，养成坚韧不拔的优良品质。

第二，培养爱国主义精神。对祖国的热爱之情是最基本、最朴实的情感，我国自古以来就有精忠报国岳飞这样的英雄，近代以来更是有无数的先烈为国家的胜利而牺牲，学生都能够从他们身上感悟到伟大的爱国情怀和勇于奉献的精神。

第三，培养国际意识。了解世界各地区文化的多样性、掌握人类社会文明的发展历程、汲取多样化的智慧果实，逐步形成具有国际视野的学习者。在这个层次的情感培养中，教师要有深刻的角色意识，引导学生对历史研究客体做出正确的评价，得到情感的进一步升华，树立内部情感态度。

（2）以知识激发外部情感体验。在讲述历史情节的过程中、在体验历史问题情境或者阅读历史资料的过程中，学生会因为故事情节的变化、发展，面部表情出现各种变化，内心情感也会发生转变。此时学生的情感体验处于最低层次，只是简单的情绪浮动，表示对情境接受而显现出的外部情感体验，是暂时性的，转瞬即逝，并没有内化为内在的情感态度价值观。教师要想学生达到第一层次目标，通过知识获得外部情感的体验，就要以学生的实际心理发展水平为准，善于烘托历史氛围，并且抓准时机，抓住情感培养的切入点，与学生的情感产生共鸣。

（3）情识交融，形成正确价值观。在情识交融中，学生重新整合历史知识，实现情感的多重体验和感悟，从而逐渐转化为正确价值观，并能够以此规范个人的行为活动，引导自己的思维方式，最终实现情感体验。但是情感目标的实现在指导个人行为时，又会与个人的性格特征相结合，显现出个性化的情感特征。富有个性的情感价值观培养是一个复杂的、系统的，经过长期的渲染逐步形成的过程。

在培养情感素养时，应区别于知识目标的实现，把它作为一个长期的、有计划的目标，将认知、情感、价值观看作是一个统一的培养过程。首先，从第一层次的外部情感体验着手，创造浓厚的历史氛围，激发学生产生情绪上的波动，心理的触动，形成外部情感体验；其次，确立学生内部情感态度，运用典型的历史事件、有教育性的历史情节，将爱国主义、家国情怀等提升到价值观层面探讨，使学生真正地体会数千年的中华民族点滴积累起来的凝聚力和爱国主义情感；最后，培养具有个性化的素养，形成正确的价值观。

教师要引导学生将内部情感升华为正确价值观的层面，形成思维定式，并以此为自己做事的行为准则，作为评价世间的真、善、美的标准。如果历史教师没有正确认识情感目标的层次性，或者用知识技能的目标替代家国情怀的素养，那就难以达到家国情怀素养的培养要求。只有遵循情感目标的层次结构的原则，将情感素养的培养分成"接受""确信"和"升华"三个层次，并且在每个阶段采取恰当的方法，才能确保提升学生家国情怀。

四、高中历史学科核心素养的评价体系

历史学科核心素养评价体系是指高中生在完成各阶段学业后应达到的具体水平的明确界定，构建科学的评价体系，进一步促进学科核心素养的发展。

(一) 确定历史学科核心素养的评价标准

确定历史学科核心素养培养的评价标准，目的是让教师明确从哪些方面展开对历史学科核心素养的评价，依据何种标准对高中生进行评价。建立核心素养评价体系标准不能够脱离对历史课程标准的探知，因为它是对高中生学习结果的期望，是一切教学活动开展的指南针，同样也应该将其作为科学的构建评价体系的参照物。为了使核心素养评价体系更加细化、具有可操作性，能更好地指导检测学生的核心素养评价结果，应围绕新的历史课程标准，从认知行为标准、价值观指引和表现性评价指引三方面确立核心素养评价体系的标准。

高中历史课标中对于高中认知水平的规定分为三个层次：①学生应达到的首要层次为识记层次。要求学生能够通过文字、图片、思维图、地图等方式记忆历史基础知识、构建历史知识体系，包括列举、了解、说出、知道等行为动词。②学生应达到的第二层次为理解层次。要求高中生对所学到的历史知识出现在新的问题情境中时仍然能够揭示其本质，包括概述、理解、说明等行为动词。③学生应达到的第三层次为运用层次，要求学生能够对历史知识自觉地做出详细的分析和系统的整合，并通过历史知识的比较、相互论证自主解决历史学习中的遗留问题，包括对比、探究、讨论、分析等行为动词。教师在制定高中生历史学科核心素养认知行为评价标准时，一定要参照历史新课程标准，确保对学生的测评要求与课程标准要求处于同一层次。

1. 评价需要注重家国情怀与价值观

确定家国情怀、价值观的评价标准，可以从多方位展开。从国际视野而言，要求学生了解世界各地区文化的多样性、掌握人类社会文明的发展历程、汲取多样化的智慧养分，逐步形成具有国际视野的学习者；从国家层面而言，要求学生关注国家的现状，培养爱国热情，提高家国情怀素养；从社会层面而言，要求学生在生活中追求平等、自由、科学、文明等价值观；从个人层面来看，要求学生通过历史课程的学习，确立积极的人生态度，

培养求真、务实、创新精神，树立健全的人格。

2. 评价需要制定高中生的表现性行为评价标准

历史教师应该为每个学生建立学习档案，记录学生的表现，以便很好地监测和引导高中生历史学科核心素养的培养。教师可以从以下方面制定高中生表现性行为评价标准：

（1）高中生表现行为的描述。教师详细地描述在某一个具体的问题情境中，在合作探究的过程中，教师希望学生有怎样的表现，有怎样的收获，达到怎样的目标，培养哪种核心素养。

（2）高中生表现水平的标准。每个学生都有发展的个性，由于自身的性格特征、家庭教育、生活环境、学校教育等因素，学生会在思维、性格、能力、知识、兴趣、爱好等表现出差异，进而反映在学习成绩、参与表现、学科核心素养的培养方面等出现差距。因此，教师要根据班级的情况，综合评价，划分评价等级，制定每一等级的评价标准。

（3）范例的描述，即通过具体的、典型性代表案例，认真学习一些表现性教学活动的开展经验，包括活动计划，预期达到的目标，活动开展过程，学生的表现性的行为反馈等，作为制定具体学生表现性行为评价标准的参考。

（二）明确历史教学核心素养的评价内容

构建合理的历史学科核心素养评价体系，能在育人观念、课程内容、学习方式、教学模式等方面都对学生历史学科核心素养的培养起到重要作用。

1. 史料实证素养的测评

史料实证素养的测评是多方面的：首先，考查学生是否具有从历史文献资料中提取有效信息作为重新构建历史解释的可靠证据的能力；其次，考查学生是否能够发挥不同史料的独特作用，将明确翔实的文献资料与时代特征突出的地下实物相结合，从而对所探究的历史问题进行互证，使自己的历史解释更加可靠，具有说服力；最后，考查学生是否具有能够运用史料，系统、合理地对自己研究的历史问题做出论述的能力。从区分史料的不同类别到学会运用不同类别的真实史料进行互证，然后到构建自己的论述，全方位测量史料实证能力。

2. 时空观念素养的测评

时空观念素养的测评，可以分为三个层次：第一层次要求学生通过地图、信息提示、时代特征、史料信息，推断出信息中相对应的时间点、朝代等时间信息，考查从信息中提取时间线索的能力；第二层次要求学生能够从信息中提取时间线索，回想历史事件的发生，对历史事件做出系统的描述，判断历史事件的影响；第三层次要求学生进行横向跨越和纵向跨越。横向跨越是指要求学生对多个国家在某一方面的历史改革、历史现象进行对比、分析、研究。纵向跨越是指要求学生对同一国家或地区在不同的历史时期，发生在经济、文化、风俗等方面的变化进行对比分析，并能够做出全面、系统、准确的论述，进一步考查知识的整合、对比、分析、迁移能力，测量学生的时空观念素养。

3. 弘扬正确的历史价值观

弘扬正确的历史价值观，体现的是史学在促进国家认同方面所发挥的作用。参考对于价值观行为目标评价的基本思路，历史教师应该把体验与反思作为高中生历史学科家国情怀、价值观的评价标准。体验是指学生通过各种历史问题情境和参与教学实践活动来感受和体验历史事件、历史人物所经历的心理变化，产生心理触动，情感上发生共鸣。反思是指对已有的情感不断地反思，逐步形成价值观念，并成为指导自己的行为准则和评价他人的标准。

4. 历史解释素养的测评

历史学家研究的"历史"并非真实的历史，而是历史发展历程中所遗留下来的史料中介物，无论这些遗留的中介物如何丰富和真实，它们本身不能够自己说话，这就需要史学家做出历史解释。学生在认识历史的过程中也需要历史理解与历史解释思维活动的相互作用，需要在历史发展的整体和宏观解释之下、在过去与现在的内在联系中，反复理解和领悟史实所呈现的历史境况，因此，构建历史解释评价体系对于高中生而言是非常重要的。

（1）考查梳理材料的能力。面对历史学科的众多内容，学生难以选择出最具有说服力的史料构建自己的历史解释，也无法从史料中提取最有效的信息对历史事件做出合理的解释，因此，考查学生的材料梳理对于培养学生的历史解释素养是非常重要的。材料梳理能力作为历史解释素养评价的第一标准，要求学生具备快速收集史料有效信息和判断史料背后隐藏的时代信息的能力。

（2）考查学生的历史解释的价值取向。历史教学有价值导向的作用：一是可以从历史人物评价中渗透历史解释作为考查，一般选用具有复杂性与难测性、正面性和反面性等这样一些典型的历史人物进行评价；二是以传统文化渗透历史理解及价值作为考查，例如，汉字、中医、京剧等既有数千年文化积淀同时又要面临现代化的挑战作为题材进行考查；三是就国家认同渗透历史理解作为考查，选用有助于树立"国家认同"的依据，在鲜明的价值观取向下，注重历史与现实的联系考查学生历史理解的价值取向。

（3）以语言表达、文字表述能力作为考查。历史解释不能够只停留在思考者的脑海里，而是通过对历史的理解将信息传达给别人，因此需要考查学生文字和语言表达能力。高中学生用语言解释历史事件时要求做到要点化、层次性、结构性、准确性、概括性、系统性。在文字表述中，需要考查学生在确保知识结构化和完整性下的概括能力。通过考查学生在描述和评价历史事件时的语言组织能力和文字表达能力，有效测评历史理解和历史解释素养的培养成效。

尽管对于历史学科核心素养的五个构成素养的评价是分开表述的，但在实际教学中彼此是不可分割的，互相作用，相伴成长。此外，历史学科核心素养的形成不能够简单地等同于学科知识的掌握，它更注重的是高中生面对不同问题时灵活地迁移知识的水平、批判性思维、高尚的品格。因此，虽然在构建核心素养评价体系时可以分开表述，但是在真正实施过程中，不能将其分开测评，要建立在整体性上进行评价，另外不能把知识与技能的评价等同于学科核心素养的评价。

第二节 高中历史教学的课堂导入

作为课堂最开始的导入环节，通常而言，占用课堂的教学时间为 3~5 分钟。很多情况下导入环节亦会说成"导言""开场白"或教学技艺的一种。导无常法，很大程度上和教师的教学素养密切相关，这也是有时课堂导入环节不受重视的原因之一。课堂导入是教师在上课一开始的一种教学行为，主要是为了引导学生在心理上做好学习的认知准备，促使学生明确本课的学习目的和学习内容，引发学生的学习兴趣，产生学习期待和参与需求，从而使学生能够投入本课的学习之中。

课堂没有一个好的开头，学生会感到兴味索然，参与学习的积极性就会受到影响。所以，新课程必须精心设计课堂的导入环节，应通过精彩的情境创设来激励、唤醒、鼓舞学生的智力情绪。一节课上，一个优秀的导入设计，往往会达到事半功倍的教学效果。

一、高中历史教学课堂导入的意义

优秀合理的课堂导入无论是对教师的教学，还是对学生学习等，都具有很大的作用，主要包括以下方面：

第一，拉近学生与历史学习的距离。高中历史学科和其他学科相比，具有自己的特色。历史知识与学生的生活相距较远，由于高中升学压力繁重，学生对历史这门学科的学习积极性较低，这都为历史学科教学带来了难度和挑战。而在课堂上仅有的数十分钟时间内，既要把学生拉进历史学习的情景中，又要吸引学生对本节课和对历史学习的积极性，作为一节课起始环节的导入至关重要。例如，在一节课开始时导入环节设置的一段音频、一幅图片、一条时政新闻热点等，能迅速把学生带入教学中的那个历史年代和历史学习情境当中，拉近学生与历史学习的距离。

第二，激发学生的学习兴趣和积极性。教师必须能够运用对个体和群体动机、行为的理解，创造一种学习环境，鼓励学生进行积极的社会互动，积极参与学习活动。学校教育对学生学习动机的形成和发展起主导作用，而学校教育对学生学习动机的影响主要是通过教师的作用实现的。作为课堂教学起始环节的导入，不仅影响学生对本节课的学习兴趣，甚至影响其对历史学科的学习兴趣。

第三，加强新旧知识之间的衔接与联系。建构主义学习理论认为：学生不是毫无知识走进教室的，因此，学习必须考虑在学生已有经验的基础上进行建构，重视学生的学习目的和已有观念。不管是讲授新课还是复习课，学生在走进教室之前，必定已经对相关知识有所了解或掌握，加强新旧知识之间的衔接和联系，对学生的学习至关重要。人类的学习总是以一定的经验和知识为前提，是在联想的基础上更好地理解和掌握新知识。而课堂导入环节就是新课和旧课之间的桥梁与纽带。因此，作为课堂教学起始环节的导入，能有效地将学生已有的认知和讲授的新知识联系起来，提高学习的效率。

第四，加强师生之间的互动和情感交流。罗杰斯的人本主义教学理论主张以学生为中心的教学观，认为建立良好的师生关系是有效教学的基础。而课堂导入有渲染气氛，沟通师生感情的作用。合理有效的课堂导入能增进师生之间的互动交流，拉近彼此的距离。通过课堂导入创设愉悦和谐的课堂环境，师生一起交流探讨，提高学习的效率。

二、高中历史教学课堂导入的方式

学生学习基础的不同、教师教学技能和教学素养的高低、教学内容的不同以及教学设备和教学环境等都是影响课堂导入的重要因素。根据教学内容的范围，课堂导入可以分为：课程导入、单元导入和课时导入三种类型，下面主要论述的是讲授新课时的导入方式：

（一）从日常生活导入

第一，利用时政热点与新闻导入。当今社会，电子产品和网络互联网的发达，为学生了解国家乃至全球的时政热点提供了便利。从学生身边很容易接触了解到时政热点新闻，教师以此种素材为角度着手设计课堂导入，能很大程度地激发学生的学习兴趣和积极性。利用时政热点，尝试创设情境，创造氛围，这种从时政热点导入的教学方法值得教师学习和借鉴。

第二，利用历史遗址遗迹与旅游景点导入。历史虽然是已经发生的事，但经过后人努力保护或重建下来的历史遗址遗迹、博物馆等，仍是人类宝贵的文化和精神财富，同时也是教育工作者，特别是历史教师可利用的宝贵的教学资源。教师要学会挖掘身边的教学资源。例如，在讲"义和团运动"这一内容时，教师可以下载相关历史遗址或现存有关景点的照片，导入破解"三教合一"的概念，这种形式对教学方法的探索，不仅可以丰富高中课堂的教学形式，也能够激发学生对历史的学习兴趣和积极性。

第三，利用民谣与歌曲导入。对于民谣，没有特定的定义，通常而言是人们用顺口溜或诗歌等表达自己情感等的一种文化，有时能反映社会现状。挖掘民谣作为教学资源，能创造一种情境，调动学生的学习兴趣，导入环节当然也能加以利用。

第四，利用节日文化导入。生活中很多节日风俗等都跟历史有关，教学资源的挖掘能丰富历史教学。

（二）使用学科综合知识导入

第一，利用诗词、对联导入。诗词、对联等文学作品形象生动，能够调动学生的学习兴趣和感染力，培养学生的思维能力。但是使用时要注意诗词等选用的典型性，且篇幅不能过长。

第二，利用成语、典故导入。通过学生了解的，但是不知道具体源头的成语、典故等导入，不仅能扩大学生的知识面，还能调动学生一探究竟的兴趣。例如，在讲解"夏、商、西周的政治制度"先关内容时，在讲述分封制度时可以利用周幽王"烽火戏诸侯"这一典故导入。但是使用时也要注意成语和典故的典型性。

第三，利用地图导入。对学生而言，在历史课堂教学中恰当地利用历史地图，其带来的形象直观感受有时远比抽象难懂的文字更容易理解和接受。将历史地图用于历史课堂上的教学导入，同样也能带来这样的效果。

（三）利用提问激发学生兴趣导入

第一，利用数字、时间概念设疑导入。过去性是历史知识的基本特点，尤其是距学生生活时代较远的历史知识，学生感觉陌生，作为历史学科，学生经常会接触到一些数字、时间，利用时间观念或数字设疑，能激发学生的好奇心和兴趣。

第二，利用历史人物设疑导入。横贯古今中外的历史长河中，有很多历史人物，然而历史教科书上历史人物的选取以及其生平或事迹的介绍，都是为教材的编排和教学服务的。很多历史人物都存在学生认知之外的另一面，教学中利用这一点可以充分调动学生的好奇心。

第三，以漫画设疑导入。历史教学中有很多和历史相关的漫画可以利用，生动形象的漫画能吸引学生的兴趣，但是在教学选用时也要注意其合适性。例如，在讲解"世界多极化趋势的出现"内容时，在教学活动上，可以通过一幅表现世界新旧趋势的漫画，来引出世界多极化这一趋势，进而导入该课的教学，激起学生的学习兴趣。

（四）运用复习式与直接式导入

1. 复习式导入

所谓复习式导入，是从学生已经学过的知识入手，在巩固旧知识的基础上引入新知识的学习。旧知识可以是已经学过的历史知识，也可以是语文、地理等其他学科的知识。一般一些老教师多使用这种方式导入。运用此种方法能帮助学生构建新旧知识之间的联系，但是相比之下，对学生兴趣的调动和吸引力较低。

例如，在讲解"秦朝中央集权制度的形成"这节课时，部分教师的导入设计就是带领学生回忆上节课夏商西周我国早期相关制度，进而引出秦朝大一统和废分封、行郡县等知识，引出该课的教学，这种导入下，能帮助学生回忆巩固上节课的知识，但是也有一定的缺点，即很平常地直接巩固知识，学习新知识，学生的兴趣和积极性没有得到调动，使用不当会造成枯燥之感，教师要慎用。

2. 直接式导入

直接式导入主要包括以下形式：

（1）破题导入。所谓破题导入，即从该节课的题目或主题入手，引入本课的学习。通常而言，是通过解释一个名词概念等展开。

（2）直奔主题。所谓直奔主题，就是上课一开始就直接点明本节课的学习主题和内容，向学生介绍本节课的课标要求、重难点等，让学生心中对本节课有所把握。直奔主题导入方式虽然能节省教学时间，但是对教师在学生心中的认可度和学生自身的素质要求比较高。一般适用于复习课，但是使用不当会造成枯燥之感，教师在使用时要慎重。

（五）通过多媒体创设情境导入

1. 通过多媒体展示图片导入

目前很多学校都已经具有多媒体等先进教学设备辅助教学的条件，充分利用多媒体等教学设备的优势，能有效辅助教学。利用多媒体设备向学生展示图片、音频、视频等方法，提出相关问题，促使学生观察分析，进而导入本课教学。利用多媒体展示图片的导入方式，能引起学生的兴趣，唤起学生的认知，教师在展示图片时，创设一个教学情境，提出相关的问题，进而引入本课的教学。

展示图片的方法导入，要注意选用的图片不宜过多，同时也要和所要讲授课的知识相关，图片展示只能为教学服务，不能为了展示而展示，否则只会适得其反。

2. 通过多媒体展示音频、视频导入

通过学生身边接触的音乐、歌曲、影视片段等导入，能吸引学生的兴趣和学习的积极性，唤起学生的好奇心。当前这种导入方式很常用。利用多媒体设备展示音频、视频导入方式，对于学习任务很重的学生，具有很大的吸引力，能调动其学习的兴趣和积极性。但是使用时也要注意所选音频和视频的合适性，且所播放的音频和视频不能过长，一般导入环节所用的时间在 3~5 分钟，所选的音频和视频则不能因过长而导致导入环节过于冗长耗时。同时，教师在播放音频或视频之前或者在这一过程中要向学生提出一些问题，让学生带着问题去观看，否则难以达到教学目的。

3. 通过多媒体展示网上数字博物馆导入

随着信息和科学技术的发展，数字网络资源在教学上的应用也越来越多。具有一定的信息化素养，挖掘教学资源，是一名优秀的教师应该具备的基本技能。我们身边的博物馆资源有很多，每个博物馆或红色旅游景点，都有自己独特的文化和历史，需要教师在提高信息化素养的同时，加以挖掘和利用。这种方法新颖独特，但需要教师有较高的信息化素养。

4. 通过多媒体再现历史场景导入

所谓历史场景再现导入，是指教师在课堂开始，通过语言描述或展示图片、视频等再现历史事件或历史人物当时所处的场景。利用再现历史场景导入形式能拉近学生与历史人物、历史事件和历史知识之间的距离。

（六）利用历史文献史料与实物教具导入

1. 利用历史文献史料导入

所谓利用历史文献史料导入，是选择与本节课有关的历史文献等资料来设计导入，让学生通过阅读史料，再结合教师所提的问题，思考并进入本节课的学习。高中阶段注重培养学生的思维能力，学会论从史出，这种导入方法能培养学生的史料阅读能力，提高历史学习能力，但是，此导入方法相比图片、视频、音乐等视觉冲击的导入而言，对学生兴趣的激发和调动作用较小。因此，为了避免这种枯燥乏味，教师要注意文献资料的典型、精练、易懂，同时要标明史料的来源和出处，以便学生阅读和思考。

2. 利用实物教具导入

所谓实物教具，可以是书籍、模型、仿制文物、历史地图、挂图、历史题材的邮票、明信片等。书籍是最简单的实物教具，例如，在讲述"文艺复兴"这一内容时，可以利用《神曲》等书籍的中文版和傅雷先生的《世界美术名作二十讲（插图本）》《外国绘画选集》等书籍，边讲边把相关书籍交给学生传阅。"传统"的实物教具和"现代"化的教学手段是可以优势互补的，但是我们要注意选择实物教具的典型性和可行性，因为高中教师教学任务和学生学习任务都很繁重，作为一名优秀的历史教师，要懂得挖掘生活中的教学资源。我们平时就可以注意收集与制作实物教具，或者指导学生动手制作，把功夫下在平时。

第三节　高中历史教学的提问策略

一、高中历史教学提问的来源与类型

（一）高中历史教学提问的主要来源

1. 史料

史料作为历史学科的标志性材料，是历史教学的独有方式，也是历史教学中问题的主要来源。纵观历年高考的历史题目，总会有部分史料分析题目，由此可见史料对历史学科的重要性。史料包括文字、图片、影像以及实物史料，其中文字、图片是学生和教师经常遇到的材料，也是最容易设置问题的材料。通过史料设置问题，既可以调动学生的学习兴趣，又可以培养学生的史学素养，使学生了解历史这门学科的严谨性。但是史料问题也有其一定的弊端，就是要求学生具有较高的文言文功底和良好的语境分析能力。如果学生根本无法理解史料的内容，问题的设置也就失去了它本身的意义。这就要求教师有必要在日常的课堂教学中向学生教授史料，帮助学生理解史料，提高学生的史学观念和史学素养，加强学生的古文字功底。因此，史料问题对于历史教学而言是必不可少的。

2. 教材

教材是学生学习历史的主要材料，也是学生接触最多，使用最频繁的资料。高中历史教材中问题的来源主要分为两个部分：一是历史教材中已经设置好的问题。在现代高中历史教材中，每一节课都设置有 1~2 个习题供学生练习、思考。课后也有总结性的问题帮助学生系统掌握本节课的重点、难点。这类问题是用来帮助教师或学生理解本课内容，分析本课知识框架的，可是只提问这些问题是远远不够的。二是教师或学生通过对教材的阅读、分析与理解，从中发现一些原本没有直观显示出来的问题，这类问题应是教师需要重点关注的问题。然而学生在学习教材的时候，通常都是注重教材里知识点的记忆与理解，而忽略了对教材本身的深层次的挖掘，缺乏问题意识，仅仅把对教材内容的记忆当作学习目标。

教材对于历史教师而言，不仅是教学的参考材料，也是进行教学的第一手资料，如何落实教学大纲对教学目标的要求，教科书是教师的首选依据。现阶段的历史教材是专题史模式，每一节中都包含了大量的知识点，教师不能为了达到教学目标而仅仅向学生教授这些知识点，更应该激发学生的学习兴趣、问题意识，培养学生的自主学习能力，这就要求教师对教材有更深层次的理解，能够从教材中发现那些对学生发展有效的问题，通过提问的手段，让学生对所学的知识有进一步的理解，让学生能够自主发现问题、解决问题。

3. 学习反思

教师可以督促学生进行学习反思来发现学生在学习中没有深入掌握的问题。在历史教学过程中，指导学生回顾所学过的知识点，对自己现阶段的学习进行自我评价，在回顾和评价的过程中，教师就很容易发现学生没有理解的问题，再针对这些问题进行讲授，能够加深学生的印象，巩固所学过的知识。教师也应有意识地培养学生自我反思能力，每学过一节课，就让学生对这节课的内容进行反思，内容涵盖：①这节课我学到了哪些内容；②有没有哪些还没有掌握的知识点；③对这些知识点的应用能力如何等。

让学生自己发现问题，比教师发现更有意义，学生发现问题之后，可以请教老师，也可以通过小组讨论来自行解决，这样既锻炼了学生的问题解决能力，又提升了学生的自我效能感，对今后的学习生活都有深远的影响。因此，作为教师应注重学生的学习反思。

4. 现实生活

经过时间的沉淀，我们的现实生活中遗留下来了大量的历史痕迹。例如，北京故宫的建筑风格是怎样的，天坛作用是怎样的，我们现在的服饰款式、桌椅样式是从哪里来的，为何中国古代的都城大都集中于北京、西安、洛阳等城市等。历史为我们留下了许多的遗迹，教师应注重挖掘乡土资源，从学生感兴趣的方面出发，发现问题，设置问题，激发学生的学习兴趣，同时也能培养学生的知识迁移能力。学生在解决问题的同时必然要联系到现实生活的各个方面，从而通过问题进一步理解现在的生活。

(二) 高中历史教学提问的问题类型

1. 知识型问题

知识型问题也称为事实型问题，它是高中历史教学问题中最基础也是最常见的问题类型，由于历史教学中的大部分知识都是对时间、事件、史实等历史因素的记忆和掌握，因此，知识型问题在历史教学中占有很大的比重，这类问题大部分都是对某一事件发生的时间、地点、人物、影响等的论述，这些都是基础性的问题，具有少量的思考性，但教师不能仅采用回忆式的问题进行提问，而是要在这些基础性的知识里面找到能够激发学生问题思维的更高一级的问题形式。

2. 理解型问题

理解型问题高于知识型问题，是在知识型问题的基础上，需要学生进行一定的思考才能理解的知识类型，这类问题大都是关于某一历史事件产生的条件、造成的影响以及条件与条件之间、原因与结果之间的内在逻辑关系。针对这种问题，学生就需要对问题本身的知识有一定的了解，然后根据这些知识点通过归纳总结演绎来解决，这就要求学生需要具备一定的逻辑思维能力。例如，在讲解明清进步思想家相关内容时，要求学生掌握明清之际的新思想产生的背景和影响。要理解这些条件和影响，先需要了解明清之际产生了哪些新思想，这些思想又新在何处，之后根据这些思想的特征来归纳总结出新思想产生的条件和影响。由此可见，理解型问题是基于知识型问题之上的更高层次的问题类型。

3. 分析型问题

分析型问题作为一种高层次的问题类型，需要学生具备良好的逻辑思维能力，它要求学生通过细致的分析与考察，由浅入深、由表及里、环环相扣，排除各种误导因素最终直达事物的本质。与知识型问题、理解型问题、运用型问题相比，分析型问题在对知识点的挖掘上更进一步，注重学生对深层次知识的掌握和运用。教师在处理这类问题时，应注重灵活点拨而不是直接给出答案，以问代答，引导学生进一步分析问题。例如，在分析秦朝灭亡的原因时，教师可以拿出学生学习过的《过秦论》一文，唤醒学生对此文的记忆。根据文中对秦朝强大的生动描述，引发学生对秦亡原因的思考，到底是哪些原因导致秦国衰败，让学生根据《过秦论》对秦亡原因的论述来思考秦朝灭亡的具体因素，之后思考《过秦论》得出的结论是否正确。这样做不仅锻炼学生分析问题解决问题的能力，更锻炼学生的知识迁移能力，让学生理解古人对秦亡的看法，再对比自己的看法，加深对此知识点的理解、掌握。

4. 运用型问题

运用型问题指的是需要学生运用新授知识来解决固有知识的问题，这类问题在学生的认知能力中构建了一架桥梁，贯穿学生所学过的各种知识与新授知识，让学生能够把这些知识联系起来去解决实际遇到的问题。这类问题经常伴随着"如果……怎么做"的疑问词。

5. 评价型问题

对某一历史人物或者某一重大历史问题的判断和评论称为评价型问题。评价型问题最容易激发学生的创造性思维和创新能力，但这类问题又是最需要史学素养和严谨学风的一类问题。评价历史人物是各种史学评价中最复杂的一类，它要求教师具备良好的史学素养和科学的历史唯物主义价值观。当教师在提问这类问题时，应引导学生客观地评价历史人物或事件，把历史人物放在当时的社会环境中，分析他的阶级属性，是否对历史的前进做出了贡献等。

除了上述的历史问题类型，还有单一式问题和综合式问题，发散性问题和抽象性问题，封闭式问题和开放式问题。无论何种问题类型，只要设置得当，都能够培养学生的能力，激发学生的思维。这就需要教师遵循历史课堂提问规律，提高历史课堂提问的艺术。

二、高中历史教学提问策略的要点分析

在社会进步和教育发展的推动下，新课程改革的发展呈现出越来越深化的趋势。打破传统教学模式，提高学生的综合素质成为新课程改革的核心内容。提问作为课堂教学中的重要部分，对这一目标的实现起着重要的推动作用。教师通过提问来维系与学生的互动，根据学生的反馈信息来更好地把握课堂教学的进程，这样就使课堂教学成为一个有机的整

体,从而更好地贯彻落实新课程改革的要求。

(一) 发挥提问功能

提问作为一种课堂教学手段,在高中历史教学中占有重要的地位,几乎每个教师在实际教学中都会用到。教师能否充分发挥提问的功能,是教师是否可以顺利完成课时计划,培养学生自主学习探究能力,促进学生全面发展的重要保障。

1. 引起学生注意

在新课开始或转变教学内容时的提问可以吸引全班学生的注意力、激发学习兴趣,把学生分散的注意力和兴趣集中到某一问题上来,并对这一问题产生兴趣,从而产生解决问题的思维意向,调动学生学习的积极性、主动性,使学生思维与教师的讲课保持高度一致并极力配合,最终顺利贯彻执行教师的教学意图。

2. 启发学生思维

传统教学学生多用视听器官,间接被动地接受知识,很少有空暇、意愿去思考某一问题,这对学生思维发展不利。出色的提问能够引导学生去探索所要达到的目标的途径、获得知识和智慧,养成善于思考的习惯与能力,促使学生主动参与学生与学生间的相互学习。任一学科知识通常是前后联系的,许多的新知识都是建立在旧知识基础上的。教师在历史课堂教学过程中讲解知识时可适当提问,引导学生共同回忆,复习旧知识,并在此基础上引出新的概念和规律。组织学生参与学习,主要是指思维参与,设计好提问是促进思维发展的好方法。

结合前述有关新旧知识的观点,设计提问应符合两个条件:一是教师所提出的问题应与学生当前的知识结构、知识积累和认知情况相符合,问题不能超过学生当前的认知水平和能力;二是问题的答案应是需要学生经过一系列的思维活动,在原有认知基础上经过归纳、总结、概括、分析才能得出。

3. 促使教学交流

课堂教学提问能够引起学生学习兴趣,启发学生积极思维。通过提问与回答,教师能够及时了解学生掌握知识的情况,诊断学生思维的障碍、困难之所在,发现教学过程中的难点与疑点,从而使教师能及时调整教学计划,或巩固知识,或弥补矫正,有的放矢地进行课堂教学,科学合理地解决学生学习过程中遇到的问题,从而把握住教学活动的方向和进程,形成师生之间良性的信息双向交流,达到教与学的相互促进,顺利完成教学任务,实现教学目标。要特别注意师生问答过程实质上既是师生间、生生间的双边互动和多边交流，也是教师指导、帮助学生获取、组织和评价教学信息的过程，也是学生融会贯通地掌握知识和发展能力的过程。

（二）把握提问原则

历史教师在课堂教学中提问，是为了顺利完成教学目标服务的，是教学过程的有机组成部分，是课堂上师生互动的途径之一，也是调动学生参与教学的重要手段。教师在备课的过程中，要对课堂提问进行精心设计，既要考虑在何处提出问题、提出怎样的问题，又要考虑学生会如何回答，以及对学生的回答做怎样的对应。一般而言，在设问时要遵循以下原则：

第一，问题应紧扣教学内容。教师在课堂上提问学生，是为了引导学生进行学习，所以，问题就要围绕着教学内容，使问题的提出与解答有利于完成教学任务。而且，问题应紧扣教学内容中的重点和难点，这样有利于突出重点和解决难点。如果教师的提问与教学内容无关，就容易失去课堂提问在教学上的意义和功效。尤其避免提出一些无的放矢的问题。

第二，问题应有明确的指向。教师提出的问题须是明确而具体的，便于学生领会要求，明确题旨和题意，这样才能展开积极的思考。任何设问都是有灵活性的，但都要遵循设问要有针对性这一原则，避免提一些笼统的、模糊的问题。如果问题的指向不清楚，就会使学生不知道如何去思考问题，更不知道应该怎样去解答问题。

第三，问题应有启发性。教师提出的问题要能够引起学生的学习兴趣，促使学生进行积极的思考。要避免提出一些简单的知识型问题，或是通过翻阅教材就可找到答案的问题，如提问的疑问词是"对不对""是不是""好不好"之类的问题。要使问题具有启发性：一是设问要针对疑难之处，使学生有解决困惑的兴趣；二是提问的语言要富有诱导性，能够激发学生的思维活动。

第四，问题应有探究性。问题要能够促进学生的积极思考，激发学生对问题的探究兴趣。如果问题解答不需要探讨，只要照着课本上现成的答案来回答，这样的问题提不提出来都无所谓，因为它缺乏学习上的实际意义，对学生的能力培养起不到应有的作用。

第五，问题的难易要适中。教师提出的问题要有一定的疑难性，能够调动、引发学生积极思考；同时，问题又要符合学生的认知水平，符合学生认知上的"最近发展区"，使学生经过努力可以解答。如果问题的难度过大，学生可能难以回答；如果问题过于容易，学生不用思考也能回答，这都会失去提问的作用。

第六，问题要与学生的历史学习有直接的关系。教师在课堂上提出的问题，目的在于调动学生进行积极的学习与思考，因此，所提出的问题须与学生的历史学习有直接的关系，而不是为提问而提问，或是单纯地追求提问的次数。如果教师提问一些与历史课堂教学无关的问题，既起不到提问的效果，又会耽误课堂教学的时间。教师提出的问题应能帮助学生加深对所学知识的理解和运用，能激发学生主动学习的意识，能培养学生的问题思维。因此，教师应注重对提问的运用，尽量发挥课堂提问的功能。

（三）设计历史问题

在高中历史课堂教学中，教师每提出一个问题，就给学生提供一次学习、思考、提高的机会，就能促进学生的不断发展。但这并不意味着提问得越多越好。教师的提问要适时、适度、适量，提出的问题要有教学价值，问题的设计要科学恰当。

1. 问题设置要有技巧

学生主动学习的支撑点就在于"疑问"。只有当学生对所学习的内容有了疑问，有了想要深入探索的兴趣时，才会最大限度地发挥主观能动性，充分调动自己的思维和认知基础。教师要培养学生主动学习的能力，就要从学生的疑问出发，依据高中历史教材、史料、现实生活中的案例等进行问题设计，在学生感兴趣，且容易产生疑问的地方巧妙设置疑点，用来带动学生的问题思维，刺激学生进行主动思考和探索，这就需要教师具备精深的专业知识和广博的社会知识，需要教师对所教授的学科有深入的理解和独到的看法，才能提出具有"思考性"的问题。

2. 历史问题要以旧促新

以旧促新，就是从学生已有的认知水平与学习经验出发，抓住新旧知识之间的内在联系，创设问题情境，以旧启新，新旧整合。在巩固学生已有知识的前提下，突破学习的重点、难点和疑点，生成新的知识结构，从而加强对所学知识的理解。

3. 问题内容要贴近实际

教师设计问题要从社会热点与生活热点出发，从学生的实际认知出发。教师提出的问题应能够结合当前现实生活实际情况和社会热点，能够引起学生注意，提升学生的学习兴趣，激发学生的思维，从而更好地引导学生学习历史知识要点，掌握历史知识概况。

4. 利用提问进行有效总结

课堂小结作为教学的一个环节，虽然用时较少，但作用甚大。教师利用提问作为课堂教学的总结，不但能够综述本节课的知识要点，帮助学生更好地掌握所学习的内容，而且可以激发学生问题意识，从而发现在学习中没有掌握的知识，用以巩固自己的历史知识学习。利用提问总结也可以作为教学反思的一项重要参考，教师可以通过学生对问题的回答情况来检验本节课的教学成果，从而更好地指导自己组织教学。

（四）注重提问细节

在历史课堂教学的实际中，教师对提问的操作，是要讲究提问艺术与技巧的，尤其是要注意以下方面：

第一，要在学生的认知基础上提问。教师提出的问题须与学生已有的学习经验有联系，在学生已具备的知识背景下引导他们进行积极思考，运用已有的知识、经验来解答问题。如果向学生提一些他们完全不知晓的问题，或是他们毫无经验的问题，例如，还没有学习的内容，对于这样的问题学生就不知道如何解答，或是只能猜答，并不能调动学生的思维活动。

第二，要面向全体学生提问。在课堂教学中，教师要面向所有的学生提问，而不是仅针对少数学生提问。教师应先提出问题，再让学生来回答，而不是先叫起学生再发问。因为先说出问题，班上的学生都会进行思考，做回答的准备；而先点到学生再提出问题，其他的学生就只是处在旁观的位置上了。另外，在问题提出后，教师也要让尽可能多地让学生参与到对问题的解答活动中。

第三，要把握提问的节奏与频率。提问虽然能够调动学生的思维，促进学生参与到教学活动中，但并不是在一节课上教师提出的问题越多越好，因为太多的问题就像太多的知识，都会使学生产生厌倦感，不利于学生的学习。所以，教师要把握好提问的节奏与频率，使学、思、问、答等活动产生实效。

第四，要给学生必要的思考时间。教师应在每次提问后给学生一个思考问题、寻找答案的时间，让学生进行充分的思考，而不要提问后立即叫学生起来回答。教师提出问题后，可以适当滞留 6~15 秒的候答时间，给学生充分的余地用来思考问题，组织语言，从而更好地应对教师提出的问题。

第五，提问要与讲授相结合。从教学的角度而言，教师的讲授与提问是需要良好配合的。讲与问应相互连接、相互呼应、相互作用，融为一体，以讲设问，以问导讲，从而促进教学的深入进行。

第六，要及时引导学生回答。教师提出问题后，应针对学生的回答及时进行引导，必要时还要加以补充。遇到学生不知道如何解答问题时，教师不能置之不理或简单批评，而应采取相应的策略启发学生，使学生能够理解题意，顺利进行问题的解答。对于较难回答的问题，教师可适时降低问题的难度，或将问题适当分解为若干小问题，以便学生回答。

第七，要认真倾听学生的回答。当学生回答问题时，教师应特别注意倾听，而不是充耳不闻。只有认真听取学生回答的内容，才能及时发现学生回答是否正确，是否有不足。而且，教师的倾听也表现出对学生的尊重态度，这对师生双方建立互信也是很重要的。

第八，要正确对待学生的回答。当学生回答正确时，教师应做出肯定的表示，必要时还应给予表扬；当学生不知道怎样回答或回答不太完整、正确时，教师可进行诱导，或请其他学生来回答，而不能逼迫、批评、嘲讽学生。

总而言之，课堂提问是历史教师重要的教学基本功之一，熟练地掌握和运用提问的技艺，对提高课堂教学水平至关重要。教师应在教学实践中善用提问，不断提高提问的技艺，使历史课堂教学充满活力。

三、高中历史教学提问策略的主要内容

提问作为启发式教学的基础，沟通师生双方交流活动的纽带，在实际课堂教学中是一种必不可少的方式。要形成一种对话式的教学氛围，教师的课堂提问能力是不可或缺的。在高中历史课堂教学中，教师能否根据学生的心理水平和认知差异以及教材中的具体知识点，有针对性地设置问题，迅速恰当地解决问题，直接关系到学生文化素养的提高和创造能力的培养。但是，如果教师对课堂提问的作用认识不到位，问题设置不科学，提问技巧不恰当，会令学生失去信心，学无成效，严重影响课堂教学的效率，制约学生的发展。因此，在高中历史课堂教学中，要使学生学会提出问题，教师应先学会如何向学生提问。新课程提倡以学生的全面发展为本，所以问题的设计不仅要从教材的知识点出发，更要从学生的实际情况出发，也要从现实生活中学生感兴趣的例子出发。高中历史教学提问策略主要包括六方面的内容，具体如下：

（一）直观设问策略

所谓直观设问策略，就是指直截了当地提问一些浅显易懂的问题，这种问题主要涵盖了教材中的重点、难点和易混淆的知识点。目的在于强调、检测学生应牢记的基础性知识，帮助学生区别判断所学过的知识点和新学知识点之间容易混淆的部分，以便确保学生对基本的历史知识有直观清晰的理解和掌握，保障最基础的教学目标得以实现。鉴于这种

提问方法所问的大都是知识型、封闭型问题，考查的是学生的记忆和总结，难度较小、易于回答，所以此类问题不宜过多，在教学中要确保该问题的数量少于提问总量的三分之一，建议多让学习程度较差的学生回答，帮助他们建立自信。

（二）归纳总结策略

归纳总结法，即帮助学生将相关、相似的知识点通过横向或纵向的方式分门别类——说明，达到编制经纬，展示全貌的目的，这种提问多用于归纳复习或者专题训练，其内容纵横交错，是帮助学生建立历史知识框架的好方法。归纳总结法适用于高中历史教学中的综合复习课程，需要学生对教材的知识点有一定的认识和理解，帮助学生在宏观上掌握历史的发展脉络和内在逻辑关系，构建一套严密的历史知识框架，更好地把握历史各阶段或专题的知识结构。

（三）情景假设策略

情景假设法，就是选择一件特定的历史事件或人物，通过设置一个特定的历史情境，把学生带入当时的社会环境中，通过假设某史实的存在或成败，来加深学生对于该史实的深层次理解。使他们经过独立思考，对知识融会贯通，从而提高问题解决能力。

（四）梯度分层策略

学生在学习任何知识的时候都会有一个由浅入深、由内而外、由低到高、由粗到细、由小及大的过程。循序渐进式的学习方式能够帮助学生更容易接受、理解所学知识的层次结构，更好地适应自己的实际认知基础，不断地学习、积累，从而达到质变的效果。同样，教师在提问的时候也可以遵循这个原则，对问题进行梯度式设计，让问题呈现出步步深入、层层发问的特点，以帮助学生理解问题的来龙去脉，揭示历史的本质。

（五）矛盾启发策略

所谓矛盾启发策略，就是将相类似或相反的事物进行比较，找出相同点和不同点，以加深对事物本质特征的认识和理解。在历史教学中，有很多材料和知识点可以运用该方法进行问题设计。教师通过设置认知矛盾，激发学生的探索兴趣，引导学生在对比中区别事物的本质，理清问题的内在逻辑和发展脉络，以强化对知识的掌握和运用。

（六）联系实际策略

联系实际策略，就是指教师设计问题时依据社会现状和当下热点话题，把教材中枯燥无味的历史知识变得生动鲜活，从而激发学生的学习热情，引导学生从历史的高度看待问题。但此方法需要教师具备较高的课堂掌控能力，做到课堂氛围收放自如，才能充分发挥该方法的功能。

第四节　高中历史预习与复习有效性教学

一、高中历史预习的有效性教学

（一）高中历史预习的类型与模式

1. 高中历史预习的类型

（1）课前预习。"课前预习，顾名思义，就是学生在历史课上课前对历史教材或相关参考资料的自学、预习"[①]。由于历史的学科特点，对于历史知识点的记忆性要求很高，课前预习可以使学生有充分的时间去建立和掌握历史知识的结构框架、内容以及重难点。并且，学生在预习的过程中，出现问题，可以培养学生的问题意识、加强学生的合作精神的发展。

由于高中阶段学业繁多，在高中历史教学的过程中，历史教师时常觉得课时不够用，时间很紧迫，课堂上要传授给学生的历史知识很是有限。尽管很多历史教师专门讲授重难点相关内容，又因为学生的个体差异，学生对于知识的理解和接受能力不同而感到课上时间不够用。因此，有部分高中历史教师选择了在课前给学生布置预习任务，让学生在课前预习，为教师们赢得了更多在课堂上讲授知识的时间。

（2）课堂预习。"课堂预习，即在历史课堂上教师将其作为一个教学环节，为学生设置正确合适的历史预习目标，给学生留出一部分时间，让学生对新课进行预习加以教师使用教授给学生高效的预习方法，培养学生良好的预习习惯并对学生预习结果进行检验的一

---

① 王璐瑶. 高中历史预习有效性教学研究 [D]. 开封：河南大学，2019.

系列的课堂教学内容的一部分"①。一个完整并且成体系的学习应该是包括四个阶段的：认识、理解、深化和熟练。学习如果想要达到熟练，首先就应该从认识开始。课前预习给教师腾出了课堂上必要的授课时间，但是由于高一的学生自制力还较差，如果长时间将历史课的预习内容放到课下，学生的惰性也开始悄悄滋长，并且有很多学生认为历史不是主科，不用耗用较多时间去学习，这就容易导致课前预习的方式效率不够显著。

课堂预习，其最明显的一个特征就是学生是在课堂上全部由教师进行指导和师生合作的方式下完成预习环节的。在高中这个特殊的阶段性学习中，课业繁多，压力大，让学生下课去对不是主科的历史进行预习，结果可想而知，收效不大。而课堂预习，由于时间集中，也有学生之间的相互影响的作用，课堂预习相对效果较高，学生的听课效率以及课堂的参与程度得到提升。

（3）课前预习与课堂预习对比。随着新课改的普遍施行，传统的教学方式也在逐渐被新颖、高效、以学生为主体的教学方式所取代。当然，在传统高中历史教学中，也会出现一些问题。例如，教学时间不充足、赶课的现象。因为在高中的教学安排上，学生需要学习的科目较多，并且随着知识的逐渐深入，预习环节的设置可能大多都放在了课下来进行，但是由于学生的学业压力，课下进行预习时常也会因为学生学习的疲惫、惰性的滋生而达不到想要的学习效果。而课堂进行预习，又会出现师教师讲授知识的时间再次缩减，显得课程更为紧张。

对于高中阶段的学生而言，课堂预习还是比课前预习的效率要高。即总结如下：

第一，课堂预习时间短，能使学生快速了解知识结构，提高听课效率。在历史课堂授课中，一节课占用的时间仅有 45 分钟，因此，教师如何在仅有的这段时间内达到最高的教学效率是每一位历史教师应该思考的问题，教学环节设计合理，就能够不到 45 分钟讲清所有的重难点。

为学生设置合理的课堂预习时间也是一节课效率高低的关键因素。时间如果设置过长，学生会有充足的思考时间，对于历史教师而言，教师的讲解内容学生也会更加深刻清晰。但是需要注意一点，会造成学习的视觉和思想疲劳。如果课上预习时间过长，学生会逐渐失去学习本节课的好奇心，这对于历史课的有效教学无疑是很不利的。如果时间过短，学生在还没有预习完全就被老师打断，不利于学生思维的连续性，并且长此以往，会让学生课堂预习的积极性逐渐削减。因此，在实际历史教学活动中，认为 5 分钟的课堂预

---

① 李小飞. 创新预习形式让历史课堂更加高效［J］. 教学改革与创新，2013（12）：44.

习时间对教师抑或是学生而言都是比较合理的。

因此，高中历史教师在课堂上给学生留下合适的预习时间，不仅会使教学达到最佳的效果，还能够使学生在这段时间内，结合自己已有的历史知识和新知识发生碰撞和联系，使学生能够在对历史知识不断的探索、分析和积累中获得成就感，提高学生学习的积极性并促进历史教学有效性的实施。

第二，课堂预习能够培养学生的合作精神。在一个班级中，学生与学生之间的个体差异无疑是存在的。历史课堂预习，不仅使学生通过预习掌握一定的历史知识和结构框架，还能够使学生快速进入学习状态，从而使得学习程度较好的个体影响到其他较差的个体。并且，学生与学生间进行思维碰撞和交流，也能够提高学生预习的积极性和对历史知识的求知欲。

群体相对于个体而言，其心理特征是群体的各个成员有相同的价值取向、行为倾向和心理状态。在历史课上的群体，我们既可以认为是一个班的所有学生为群体，也可以认为是历史小组的每个小组为群体。无论是哪种群体，都有相同的目标：完成教师布置的预习任务。在这种情况下，一个班的所有学生的行为都具有群体的特征。因此，此时历史教师应该积极地使每位学生都参与到群体的活动中，调动学生的学习积极性和良好的学习氛围，即使有个别不想学习的学生，也会在群体的活动影响之下受到一定的感染，也会加入课堂预习的活动之中。这也促使学生养成团结、分享学习方法的好习惯。在这种轻松的历史课堂预习中，有教师的有效监督，就能够使大多数的学生快速进入学习状态。学生通过对预习目标关键词的定位以及进行思考，找到正确答案并和同学间进行分享和交流，可以使很多学生获得一定的成就感，同时有疑问的学生可与同学间沟通，也增强了学生学习的合作精神的培养，这样学生通过自主学习获得的知识，要比老师讲授获得的知识印象更加深刻。

2. 高中历史预习的模式

（1）合作式的预习模式。合作式的预习模式来源于合作教学模式，是充分尊重学生的个性差异，能深刻地体验人道主义为宗旨的预习模式。此模式最主要的一个特点就是师生之间要构建互相信任和尊重的关系。合作式预习模式主要包括两个内容：一是师生合作预习模式；二是生生间的合作预习模式。

第一，师生合作预习模式。《全日制义务教育历史课程标准》中明确要求，针对历史课程的改革，"应有利于学生学习方式的转变，提倡学生积极主动地参与教学过程，勇于提出问题，学习分析问题和解决问题的方法"。由此，我们可以了解到，要创新师生角色的预习模式，应该把学习的主动权交给学生，这就要求在高中历史课堂教学的预习中，教师首先应该给予学生温暖，让学生成为历史课堂的主人，在预习过程中，给学生设定具体合理的预习目标，排除任何具有强制性的要求预习内容，要充分发挥学生在历史课堂上的预习积极性和主动性，培养每一个学生都能够建立自觉的预习习惯。在运用师生合作预习模式时，历史教师需要注意以下方面：

首先，在历史课堂预习中，要为学生设置好预习目的、预习问题的难度、预习最佳题型以及时间限制等，为学生营造一个轻松的预习环境，最主要的是在预习的全过程中，要让学生感受到自己是思维领域的开拓者和收获者，这样才能够使学生获得较大的自我效能感，学生在历史课堂上的预习积极性才会逐渐高涨，并快乐地参与其中。

其次，历史教师在对学生进行预习结果的检验时，例如在师生问答时，教师应该创造各种条件，来避免提出使学生容易迷惑、难度较大的问题，消除学生不敢回答问题的顾虑。如果在学生回答错误时，教师应该抚慰并及时化解学生的紧张心理，引出正确答案，并对学生进行一定的鼓励。在教师多重关注的师生互动下，即使平时历史成绩较差的学生也勇于去回答那些学习好的学生回答的问题，这也能提振学生的自信心。

最后，在历史课堂的预习过程中，教师应走下讲台，跟学生慢慢建立联系，多关注学习程度在中等或者较差的学生，适时进行一定的关心和对疑惑问题的引导，一定注意不要一直关注学习较好的学生，这对于学习中下程度的学生会造成很严重的心理影响，甚至自暴自弃不再预习导致学习成绩越来越差。

总而言之，在师生合作的预习模式下的历史预习，学生成为历史课堂预习的主体，教师应辅助以适当的方法，使学生最大化地发挥及培养以学生为主体的历史课堂，师生的和谐互动也促成了历史课堂预习效果的提升。

第二，生生合作的预习模式。生生合作的预习模式更加发挥了学生自主、以学生为主体的高效的历史课堂。生生合作的预习模式主要是以小组为单位，一个班级划分为几个组，小组成员根据教师布置的预习目标进行学生之间的合作、探讨、分析和整合梳理知识来实现历史课堂预习环节的高效完成。首先，小组成员的设置，采用一组6人，一个班10组的规模（假如一个班60人），小组成员须分配合理，不能全部是成绩好的学生，也不能全部是学习较差的学生。每个小组须有两位学习不太好的学生，以让学习较好的学生起到榜样作用。其次，教师应叮嘱小组长为提高学习稍差学生的学习积极性，每次回答问题应鼓励学习稍差的学生积极参与历史课堂的互动。最后，教师在预习结束后进行检验时，可以采用提问时抢答的方式检验学生预习效果的好坏，并给予抢答到的学生小组一定的奖励，以此来激励和吸引学生预习和回答问题的积极性。

（2）自主式的预习模式。自主式的预习模式，简而言之，就是在历史课堂的预习环节，学生自己独立进行预习的全过程。自主式的预习模式可以使学生在教师所限制的 5 分钟的预习时间内，独立进行浏览教材、思考、分析、提取重难点以及整合等步骤的顺利完成，良好的预习习惯能够使学生快速获取关键性信息，达到学习的高效化。在使用自主预习模式时，教师要注意以下方面：

第一，教师在课堂上展示预习目标，此时的教学目标设置应注意尽量有提示性的信息，并且预习问题设置尽量不要太难，太难会导致学生思维过度紧张，脑部疲劳，不免会造成后续听课效果不佳。问题设置过于简单，也会导致学生之后再进行预习时的懈怠情绪的滋长，以致接下来的课程听课效率逐渐降低。学生在接收到预习目标后，进行一系列的预习活动。提取预习目标关键词，在书上画下重难点，对有疑问的做笔记或者求教教师等，独立式的预习模式使学生在思考问题、建立有关问题的解决方式和顺序等方面都拥有了更多的时间，对于培养学生的发散性思维和问题意识有很大的促进作用。

第二，自主预习模式的实施和学生的预习习惯也有着密切的关系。培根曾说过："习惯真是一种顽强而巨大的力量，它可以主宰人的一生。因此，人从年幼起就应该通过教育培养一种良好的习惯。"习惯来源于人们的行为，因此，在高中历史课堂预习环节中，教师对学生预习习惯的培养也是自主式预习模式能顺利进行的基础。有了良好的预习习惯，学生预习自觉性高，因此达到的预习效果也会向好的趋势发展。

第三，自主式的预习模式必不可少的，还有教师的监督。高一的学生处于从初中的学习模式过渡到高中的学习模式的摸索中，在对待历史课的态度上，学生多少会有些松懈，并且此阶段学生的自我控制能力也较差，因此，进入高中阶段时，在历史课程的预习环节，教师要注意监督学生，集中注意力进行预习。例如，有的学生刚上课心情躁动，不能够迅速进入学习状态，有很多小动作，还有的学生说话等，这些不仅对学生自身上课学习产生一定影响并且也会影响其他认真学习的学生，这时就需要教师走下讲台来指导和改正。预习效果的好坏，教师在预习结束后的检测环节即可以了解到。

所以，自主式的预习模式不仅需要学生自身有一定的约束性，还需要教师进行一定的监督，只有两者相互配合，自主式预习模式才能够有效进行，学生学习效率以及教师教学的有效性才能最大化发挥出来。

（二）高中历史预习的有效性教学意义

1. 推进新课改的现实要求

20世纪20年代末，为了建立适应于素质教育要求的基础教育课程改革，国务院提出了"深化教育改革，全面推进素质教育"的理念。中学历史课程担任着历史学重要的教育功能，普通高中阶段的历史课程是为了全面促进学生发展的一门基础课程。学生通过高中阶段历史知识的学习，更加能够开拓学生的历史领域的视野和思维能力，进一步提高高中学生的历史学科核心素养。

在实施新课改之后，教师与学生的角色又有了重新的定义，教师从原来的领导者变成了合作人。新课改指出，教学的核心应是学生并非教师。教师在课堂中扮演的角色应是辅助、引导、帮助和创造发展的角色。新课程改革改变了传统教师只紧扣教科书作为传授知识的工具，而是更加重视将书本知识和现实社会生活紧密相连。所以，教学已不仅是教师传授知识和学生接受知识这种固定的模式的过程，而是课程的进一步创新和全面发展的过程。所以，新课程背景下的历史教师，更应该注重历史课堂教学的每一个环节，尤其是作为一节课中的起始环节——预习。创新历史课堂预习环节，更好地开发出有趣、轻松和高效的预习形式，对于学生的学和教师的教都能够达到一个最佳的学习效果和教学成就。

2. 促进师生全方面发展

在传统历史教学中，历史预习常常不被重视。学生在学习方面，完全根据教师的安排、设计去学习，或是跟着同伴一起，或者是依赖教材参考资料。长此以往，学生学习的积极性就极大地降低，学习被动，在学习上无任何的创新思维可发展，导致学习思维固化，学习成绩不佳。因此，一节课效率的高低，与一节课的起始环节——预习有着密不可分的联系。

（1）有利于培养学生的自主学习能力。在一节历史课开新课之前，如果学生没有对课本内容进行预习，就只等着老师讲授，这样学生就会处于一种完全被动的学习状态，既没有学习目标也没有听课的方向，对于教学的重难点也没有具体的把握。因此，预习环节的设置，对于培养学生的自主学习能力是极为重要的。经过对预习环节各个步骤的精心设计和学生预习方法的一系列指导，让学生作为课堂的主体，充分使用教学艺术来创设愉悦的课堂氛围，关注学生的个性差异，并在学生做出积极的听课表现时给予一定的表扬，这样学生在一种轻松自由的课堂氛围中进行预习和学习，每一位学生都形成了自己独特的自主学习方法，通过自己所形成的自主预习习惯，会有自我成就感，从而提高学生自主学习的意愿，使学生主动学习。

（2）有利于教师角色的转变。预习是教学过程中的一个重要组成部分。新课改要求教师要成为教育教学的组织、促进、引导者，历史教师在预习这一环节的实施中尤其能够体现新课改的要求。有效的历史预习应该是教师提前设置一节课的预习目标，为学生准备合适的预习方法以供参考，并进行预习结果的检测。特别是长期传统的历史教师总觉得学生学历史只要记住重难点，课下熟背知识点就行，历史教师对于历史课堂预习的重视，有利于改变以往历史教师对待课堂预习的错误认知。

3. 促进有效教学的实施

课堂教学是学校工作的中心环节，教学有效性的高低也是学校中各项教育教学工作的综合反映。很多历史教师在历史课堂教学中，不注重改变传统的预习方式，对学生也没有进行预习习惯的培养，使学生认为高中历史课堂上的预习就只是简单地看看书。并且很多历史教师在布置预习目标时，未能清楚地了解高中阶段学生的个性特点，所以下发任务时预习题目的难易程度不适合学生的现实水平，造成学生预习费力且预习效果不佳的结果。教育的根本，是要达到教学有效，这就要求高中历史教师在课堂教学环节应重视学生的个性差异，尤其是在一节课的起始环节预习中，针对学习程度不同的学生制定不同的预习目标，如对于学习程度较好的学生，可以设置能够启发其历史思维逻辑的预习题目，对于程度较差的学生题目的设置，应多以基础性预习目标为主，并多给予鼓励和表扬，增强其学习历史的自信心和有效促进课堂的听课效率。因材施教的教学设计，使学习处在各程度的学生都能在课堂预习中获得成就感，能够激发每位学生在历史课堂中学习的积极性和参与度，并且也能够逐渐增强学习历史学科的兴趣。教师对历史课堂预习环节的有效设计、课后反思也是历史课程达到有效教学的关键，因此，高中历史的有效预习对历史学科教学起着承前启后的作用。

（三）高中历史预习的有效性教学原则

1. 系统性原则

教学是学校工作中一个系统的教育活动，它的运行是有规律、循序渐进的过程。

系统性原则要求每位高中历史教师要合理调控教学内容，包括最开始的预习环节，与学生的学习及其发展之间的关系。教师在历史课堂上的预习内容与方法应根据学生情况设置得具有针对性和可操作性，适合学生的现实水平。一方面，高中历史预习的内容本身是具有相互联系的整体，每一个知识点都不是独立存在的；另一方面，历史课堂预习环节的设置也是多种多样的，预习环节的设计可以根据内容的特点分单元模块、时间区间等进行改变。

2. 目的性原则

目的指想要达到的境地或标准，是对本活动预期结果的主观设想，也是活动的预期目的，为活动指明了方向。教师在高中历史课堂预习中，一定要明确地了解，教师在进行课堂预习时要达到的最终目的，学生也应该清楚知道自己在历史课堂预习中要达到怎样的目的。一方面，新课改下的教育观念要求学生要学会学习。针对历史课堂预习，学生对于历史知识首先不应该是只记忆，而是理解，只有学生充分理解了一定的历史史实，才能进一步使用技巧去灵活地记忆。因此，在学习历史的重要目标上，必须理解获得知识。此外，学生在根据已有的知识储存和新的历史知识发生碰撞，在预习过程中加之教师的适时引导，才能有效达到培养学生较高的文化知识认知水平和人文素养的最终目的。另一方面，于历史教师而言，预习的最终目的是要做到高效。针对历史课堂有效预习环节，涉及有关教师在预习环节对目标的设置、问题的难易程度、学生的个体差异、预习习惯的培养、预习方法的指导以及预习结果的检验等。因此，高中历史在课堂上的预习环节想要达到有效预习教学，必须遵循目的性的原则，有根据地进行教学设计，考虑多方面的影响因素，促成学生的全面发展，提高教师的教学效率。

3. 主体性原则

教师在教学中应该与学生积极地互动，共同发展，要处理好传授知识和培养能力的关系，要注重培养学生的独立性和自主性，引导学生质疑、调查、探究，在实践中学习，促进学生在教师指导下主动地、富有个性地学习。同时，教师应充分尊重学生在课堂中的主体地位，使每位学生都能够得到充分的发展。在历史课堂预习中，学生是课堂预习过程中的认知主体，其预习活动也应该是主动的，是在教师教学策略的帮助下，以学生为主体的预习活动。教师是否让学生的主体性地位显现出来，其在课堂预习中的预习态度、预习参与度以及预习效率和师生对预习结果的检验中都能够间接地展现出来，这些也都是影响历史有效教学质量高低的关键因素。力争使每一次历史课的预习都让学生有所收获，要在每一次的历史预习中尊重学生的主体意识和独立人格，积极鼓励学生对历史问题的思考和探索。

但主张学生在历史课堂预习中的主体地位并不是意味着对学生的预习放任不管，此时教师要给予学生正确的预习指导，为学生创设一个积极愉悦的课堂预习环境，使学生拥有更多的充分发挥历史想象的空间，让学生能够在历史课堂预习过程中实现探究式预习并不断提高历史思维能力和有效预习的实施。

（四）高中历史预习的有效性教学策略

1. 加强预习观念

历史是一门对知识点要求记忆性较强的学科，因此，历史课堂上的预习环节就显得至关重要。但是由于传统历史教学观念的影响，高中历史课堂的预习环节常常被学生甚至是教师所忽略。很多教师在历史课堂上的预习就是简单地让学生浏览一遍教材，学生也被习惯形成的上课—看书—听讲的落后的学习模式所牵绊，造成历史课的教学效率低。要加强学生在历史课上实现高效的学习效益以及实现教师教学的有效性，首要考虑的就是要加强历史预习观念。

（1）改变预习观念，提高预习意识。高中阶段的学习，教师首先要重视预习，并不断优化对课堂预习环节的教学设计，促进学生的良好发展；其次教师应对学生进行"预习重要性"的思想影响，提高学生的预习意识，使其认识到预习在其学习中所产生的促进作用。当然，预习的重要性只在口头上说学生会不以为然，这就要求高中历史教师做出表率，认真设计每一节课的预习环节，潜移默化地将预习内化为学生学习步骤的范畴中。

（2）注重预习习惯的养成。培养高中生的历史预习习惯，必须在教师耐心的指导和引领下逐渐形成。在培养学生的预习习惯时教师应注意从多角度进行考虑，在刚开始培养学生预习习惯时，教师应多加强对学生的预习指导，如预习的方法、思考问题的角度等。进行一定时间的干预后，教师此时可以放手让学生逐渐独立去进行历史课堂的预习，这样一来，预习的习惯即可形成。例如，在刚开始培养学生的预习习惯时，教师制定好并向学生展示预习目标，预习目标的设定又需要教师根据多方面因素制定出适合学生的预习目标，接着教师可以给学生讲授一定的预习方法，如怎样通过预习目标来确定预习问题关键词，从而找出答案；或是在书上画下与预习目标相符的内容，也就是一节课的重点内容；针对疑惑的问题在书上标记；在思考问题的影响时要辩证地思考，即其积极影响和消极影响等。通过一系列有效的预习方法的实施，学生在预习中获得一定的自信心，从而激起学生对预习环节的兴趣，并从中体验到预习的快乐。要培养良好的预习习惯就必须能够让学生持之以恒地进行预习，把预习真正作为学习步骤的一个必要环节来重视。

2. 明确预习目标

高中历史课堂预习目标的设计好坏是一节历史课教学是否具有有效性的关键。预习目标是教师在备课时分析教材的教学目标以及重难点的前提下，参考相关的课程标准，结合学生的学情和历史教材特点的原则确定下来的。新课标下的教师更加重视学生的学习效益。高中历史课堂预习的整个过程，是要求学生贯穿全程的，因此，为了获得较好的学习效率，教师先要提出明确、具体和有可操作性的预习要求，让学生知道要如何做。所以，高中历史教师在确定课堂预习的预习目标时应注意从多方面来考虑。

（1）分析学情，确立教学培养目标。要确定高一学生的培养目标，就要全面地分析学情。高一学生是刚刚从初中的历史学习模式下过渡到高中的历史学习模式的。同时，高中生在历史学习方法上也有类似的问题。在全国大多数地区，由于受传统观念的影响，历史科目不作为主科，因此导致学生对历史科目不够重视，所以在发展学生的历史思维辩证能力方面显得不够成熟。所以，高中历史教师在其教育教学过程中，一定要转变学生的历史学习观念，培养其学会学习，学会充分利用课堂中的每一个教师精心设计的环节，包括预习，促成学生养成良好的学习习惯、学习方法等。

（2）研读课标，确立教学预习目标。课堂预习目标的确立，要考虑多种因素，如学生的个性特征、教材的特点、学生的学情以及国家要求的课程标准等。确立高中历史课的课堂预习目标最关键的是需要高中历史教师认真地研读历史课标。鉴于高中一年级学生的学习情况，教师在确立历史课堂预习目标时应仔细研读课标对学生在学科核心素养、课程结构等方面的培养要求，并注意结合各方面进行课堂预习目标的制定。

第一，课堂预习目标的设计首先要考虑是否能体现学科核心素养的要求。历史学科核心素养主要包括五方面：唯物史观、时空观念、史料实证、历史解释和家国情怀。唯物史观是历史学科素养中的灵魂体现，是其他各素养形成的理论基础，是揭示人类社会历史客观基础以及发展规律的科学历史观和方法论。

第二，预习目标的设计要加强课程之间的关联。为了达到高效的学习效率和培养多方面发展的学生，在设计预习目标时，教师应注意与思想、时事政治、语文、艺术、物理等课程的相关性，既要有效地发挥历史预习目标对于新授课的历史知识的掌握，又要使其与其他课程发挥整体的作用，共同促进高中生的人文素养的发展。

因此，在明确高中历史课堂预习目标时，教师应注意联系多方面的因素，制定符合学生、符合学情、符合课标要求的预习目标。

3. 设计预习问题

（1）情景式问题设计。为了使学生能够切身体会到各阶段所发生的历史事件或者出现的历史人物，教师就必须创设能够使学生感触与教学内容产生"共鸣"的课堂气氛，使学生好像身临其境地重回历史事件所发生的年代，让学生快速融入学习氛围，更加充分通过预习来了解课程内容。因此，情景式的预习问题设计无疑对于教师提高教学效率是有很大帮助的，教师可以通过以下方法进行尝试：

第一，"音乐共鸣"。音乐是能够反映人们现实情感的一种表现形式，不同年代和时期的乐曲也相应反映了不同年代的社会特点。教师通过选择符合一首能够代表当下时期的歌曲也可以激发学生去学习那个时期所发生的重点事件和出现的人物的热情。

第二，以影视作品创造氛围。在历史上，发生的事件、出现的人物等这些都是不可再现的，但随着科技的发展，教师仍然可以通过影视作品、新闻、纪录片等，将历史重新展现在学生眼前，通过播放这些短视频，能够有效加深学生对历史知识的理解和记忆，可以直观感受那个时代的政治、经济、文化等。教师利用视频对预习内容进行整合，以达到提高学生学习历史的兴趣和积极性的目的。

第三，史料分析。在高中历史学习中，不仅要培养学生的历史思辨能力还要培养学生对史料的分析能力。教师借助史料让学生体会历史，感悟历史，也是学习历史的方法之一。

（2）问题设计的难易程度。由于高一学生在初中的历史学习情况，历史基础较弱，因此，教师在设计课堂预习问题时要把握好难易程度，在预习之初，不要对学生要求过高，问题设置不宜过难。高一的历史知识点较多，在设计预习问题时不能要求学生把每一个知识点都面面俱到，这种预习问题的设置也会显得预习目标杂乱不堪毫无系统而言，因此，预习问题时要系统地设计，主要涉及一个内容即可。

4. 指导预习方法

想要获得高效的教学效果，教师应给予适合学生特征的预习方法。可以通过以下两方面对学生在课堂预习时进行方法指导。

（1）演示阅读法。第一，提取关键词，做笔记。在普通高中课程标准中，明确指出"要学生通过高中阶段的历史学习，从而认识历史发展进程中的重大历史问题，这其中包括有重要的历史事件、人物、现象和发展的基本脉络"。由此，学生在进行课堂预习浏览阅读教材之后，对教材进行了更进一步的加工，从中了解到教材中各内容相关的是历史事件、历史现象抑或是影响。这样，一节课结束后，学生会对整节课的内容有一个比较清晰的认识。例如，第一段是事件发生的原因，第二、三段是事件发生的过程，最后一段是事件产生的积极影响和消极影响。通过这样系统的预习，学生学习历史不会再觉得疲倦、枯燥，使后续的听课效果会更加明朗。为了使学生能够清晰了解如何利用提取关键词的方法进行有效预习，教师应首先用课件展示一个子目的内容，给学生进行预习演示，加深对预习方法的理解。

第二，梳理知识框架。学生在书上画的知识点，大多是比较零碎的内容，没有系统性。但历史知识是一个完整的结构，因此，学习历史不仅要理解记住这些知识点，还须在头脑中建立一个完整的结构框架，把相对分散零碎的知识汇入系统完善的历史知识体系中，才能有效提高历史学习能力。

（2）引导学生提出疑惑。培养学生的问题意识，也是新课改对于教师的明确要求。古今中外，都有教育家对问题意识的教学做出过叙述。在新课改后，教育部对历史教科书进行了重新编排，造成了很多知识间的联系残缺，加之学生的历史知识基础又薄弱，因此，在课堂预习的过程中不免出现疑惑，这就要求教师在学生预习提出疑惑时给以及时的引导。学生提出疑惑，侧面也反映了学生是真的进行了思考，是对知识的求知欲的一种积极表现。

教师在面对学生提出的疑惑时，要肯定和鼓励学生有提出问题的勇气，这样有助于建立学生学习历史的自信心和积极性，再通过引导进行解答或者留做预习结束揭晓答案，这样，学生通过提出疑问并得知答案的过程，有利于加强对历史知识点的理解和学习。

5. 检验预习结果

教师引导下的历史课堂有效预习，对于提高学生的学习效率以及培养良好的学习习惯具有很重要的意义。教师通过一系列的教学策略使课堂预习环节实现教学的有效性，也要让预习能够真正落到实处。这就要求教师不仅要给学生设置预习目标，还需要教师对学生学习结果进行有效性的检验与反馈。

（1）预习反馈的提问性。学生在进行课堂预习后，教师一定要让学生认识到会有预习结果的反馈，只有学生通过预习将自己预习情况的好坏反映给教师，教师才能够从反馈结果中了解学生预习时出现的问题，及时推进下一步的教学安排。最常用的检查预习结果的方法就是提问互动。

教师通过提问检验预习效果的方式有两种：一种是对独立的学生个体进行提问，一种是对学生群体进行问答互动。独立提问的方式，会使学习积极性高的学生在回答到正确答案时获得知识的满足感和成就感，对于下一步的听课期待表现出较兴奋的状态。对于学习成绩中等的学生而言，独立提问可能会使其有一定的紧张感，如果回答正确，教师及时给予肯定和表扬会增加学生学习的自信心，对于后续的学习效果也表现较好；如果回答错误，教师没有及时引导和进行鼓励，学生可能会更加恐惧课上被提问，对后续的学习会造成不利影响，甚至会导致学生丧失对历史的兴趣。而相对于另一种面对全班学生进行问答互动，课堂气氛会比独立提问活跃，并且对于不知道答案对预习目标模糊的学生而言，此时也可以从同学和教师的口中获得答案，对于学生的历史学习期待也会产生一定的积极作用。因此，无论使用哪种检验方式，教师要随时关注学生上课时的心理状态，只有这样学生才能获得更好的学习效果。

（2）预习结果的呈现性。以恰当合适的方式将预习效果呈现出来，能够使学生的预习结果更为直观地为教师所了解。通过预习，教师可以让学生走上讲台，将自己的预习提纲向同学们通过板书展示，教师再对其进行完善和补充，以此来加深学生对预习内容的理解。同时，学生之间通过对预习框架的不同理解，也可以相互学习，教师根据学生的预习框架的展示也能够了解到学生预习的程度，在后续的教学中可以根据课堂学生学习情况进行针对性教学。

（3）检验频率的常态化。要培养学生有良好的预习习惯，在课堂预习环节，教师一定要保证对预习结果检测的固定化。预习习惯的培养需要教师全程跟踪，尤其是对于学习成绩不太好自制力又差但又想学习的学生。在刚开始时，教师每节课都要进行预习结果的检验，走下讲台，密切关注全体学生的预习情况，在预习结束后，要对学生进行不同形式的检验，并让预习效果显现较好的学生向同学们分享其预习方法和经验，这样一些仍然不会预习的学生在学习到别的学生的预习方法并真切提高自己的预习效果后，会激发预习兴趣，逐渐形成一种积极的课堂预习氛围，从而也促进了学生预习习惯的养成。因此，要让学生真正地认识到预习的重要性，教师在预习的检验上就要重视，长期的预习检验会使学生逐渐认识到课堂预习环节的重要性，进而提高学生的学习效率和教师的教学效率。

二、高中历史复习的有效性教学

（一）高中历史复习的目标与课程类型

1. 高中历史复习的目标

复习课的主要目的是让零散的知识结构化，让薄弱的知识牢固化，并进一步强化核心素养和历史思维能力。教师带领下的复习，也是一个循序渐进的过程，主要有三个层次的目的：再现知识、构建体系和发展能力。从再现知识开始，加强基础知识的积累，在为学生打好基础后进一步升华，通过构建知识体系带领学生贯通知识点之间的联系，建立知识网络。而发展能力是实现历史课程目标的关键一步，发挥学生学习主动性，注重对学生学科及科研能力的培养，实现历史学科的人文价值。教师带领复习一般进度比较慢，教师带领学生进行系统的知识梳理，查漏补缺对基础知识薄弱的学生非常有帮助，同时通过不同类型的复习课提升学生历史学科能力。但是，为了提高复习效率，除了教师带领复习之外，学生还应进行自主复习，在掌握学习方法后，学生也应发掘出自己的潜能，发现适合自己的复习方法，作为课堂复习的补充。

（1）再现知识。再现知识，就是把教材内容重新梳理，带领学生回顾。这个环节的目的在于一方面让学生查漏补缺，找到以前学习中没有注意到或是遗忘的重难点；另一方面可以对知识进行全面梳理，加强记忆。通常进行此环节时，教师首先会对教材上的知识点进行提问，尤其是其中的重难点，如有忘记，可进行查漏补缺，反复阅读教材，深化记忆。

再现知识的主要任务是夯实基础，对于在前期学习中没有打好基础的学生而言是非常重要的，只有掌握了扎实的基础知识，才能为接下来的复习做准备。

（2）构建体系。构建体系环节主要是为学生打造知识网络准备的。知识构建是一种对知识资源进行优化整合的结构体系。而知识网络化，即知识地图能够揭示知识节点之间的关系。历史学科的特点决定了它需要学生构建知识网络，因为历史脉络发生发展是一个宏观状态，历史人物之间，历史事件之间，都可以构成一个知识网络。而利用这个网络，就可以在考试中快速定位相关知识。

进行此环节时，教师一般是通过思维导图、图表纲要等方式帮助学生建立立体式知识结构，纵横历史事件的时空联系，将知识点串联，理清脉络，从而提高复习效率。高中历史的复习课需要在较短的时间内完成对大量知识点的复习，而构建知识体系的目的是让学生掌握知识点之间的联系，从而能对所学内容进行系统的记忆，这样既可以方便学生记忆又可以帮助学生理解，使复习课变得高效。所以教师在引领复习时需要对复习内容进行整合与分析，或是引导学生自行总结知识之间的联系网络，仍然以必修三第一单元的中国传统文化主流思想的演变为例，教师可以绘制出与儒家思想发展相关的思维导图，让学生对儒家思想的发展脉络有更直观的认识，这样可以加深学生对儒家思想发展的了解，也能理解儒家思想成为中国传统文化主流思想的原因。

（3）发展能力。高中历史学科能力，指的是学生适应并完成中学历史学科学习活动和调节自身学习行为的心理可能性与现实性相统一的品质，是掌握和运用历史知识、技能的条件并决定是否顺利完成历史学习任务的特定的个性心理特征。能力培养在历史教学中是至关重要的环节。从我国历年的课程改革文件中可以发现，培养学科能力一直处于重要的位置。能力培养环节必须是建立在学生有足够的知识积累和知识架构的基础上，这样才能培养学生的历史时空观念和历史思维能力，同时提升发现分析问题和创新解决问题的能力。同样，发展能力环节更需要充分调动学生的主体性，让书本知识内化成为学生自己的知识和能力需要学生自己参与实践。例如，可以从对史料的收集和阅读中，学会鉴别真伪，排除史料作者的个人情感，运用客观的观点审视历史事件和历史任务；也可以通过创设问题情境，让学生对历史事件和历史人物产生自己的见解；开展小组合作，让学生在课前收集材料，自行绘制图表等。

以上有效复习课所要实现的目标不是孤立存在的，而是相辅相成，紧密联系的。教师可以在一节课中只为实现一种目标而实行教学活动，也可以将多重目标综合。不管哪种方式，都是为了使复习课能够达到有效的目的。

2. 高中历史复习的课程类型

高中历史复习课的教学目的是在学生已有的基础之上进行知识的巩固和能力的提升。因此，根据不同的复习目标，教师会安排不同类型的复习课程，旨在通过复习课，学生能够对知识概括、归纳、总结，达到提升历史学科能力的目的。

（1）以历史时序为轴线的复习课。历史是过去发生的事情，高中历史教材中需要学生掌握的知识点有些时间跨度大，如中国古代的政治制度，那么多的朝代更迭，对学生而言记忆难度很大。而且现行高中历史教材是按照模块专题编排，学生在升入高中前也没有对通史进行系统的学习，如果只带领学生按照教材编目进行复习就会缺乏历史时序能力的培养。因此，教师须安排此类专题复习课，按照主要历史事件的时间顺序为主线，并整合该专题时期政治、经济、文化等各方面之间的相互联系，帮助学生对该历史阶段的基本特征进行理解。这样一来，既提升了学生历史思维能力，又能达到培养其历史时序能力的目的，增强其对历史发展的宏观把握，让学生拥有通史的概念。这种思维习惯有利于学生在考试中准确提取材料解析题的时间信息，然后快速回忆该时间段的主要历史事件及其影响，提高做题效率。不仅如此，因高中历史教材都是按照从古至今的模式进行编写，采用与教材编排模式相符的时序组织安排的复习课，有利于知识点集中总结，符合学生记忆特点，以便帮助学生构建历史框架，培养时间空间意识，让学生比较容易回忆起相关知识。

（2）以教材目录为专题的复习课。教师科学地利用目录，特别是章节层次，可以让其在复习课中发挥重要作用。尤其是在教材新授课全部完成之后，进行学期末的总复习时，在学生已经对历史知识有了基本储备的前提下，教师通常会以"目录"为复习总纲，使知识条理化，利用其帮助学生进行知识梳理、分类，找出记忆规律。这种情况类似图书馆给每本书分类编码，使我们能轻而易举地找到自己需要的书籍一样，学生可以通过目录学习法，对知识进行储存、归类、管理，在面对考试题时可以从大脑中快速取用。

以教材的目录为复习主线进行扩展，将各个方面的历史发展脉络进行树状展开，可以帮助学生有效串联，便于理解历史事件间的纵向联系。同时，根据目录复习进行世界史观的构建，可以有效帮助学生理解同一历史时期东、西方在政治、经济和文化发展上的差异，形成宏观的历史视角。

（3）以史料阅读为内容的复习课。通过对历史认识发展过程的了解，我们可以发现史料阅读对于学生对历史知识的学习和掌握起着重要的作用。历年高考试卷中的材料分析题也是对学生史料阅读能力的考查。但史料的形式是多样化的，可以是图像、影像、书籍等，而且很多是晦涩难懂的文言文，不便于学生理解。这就需要教师对学生的阅读能力进行培养，对文言文中的词汇进行解释，避免学生因为对个别文字理解的偏差而影响学生对整篇史料的理解。因此，教师在历史复习的过程中，会安排史料阅读课程以加强学生的阅读能力，使其能从历史材料中提取有效信息，以便面对高考试题时可以运用所学，综合分析，准确解答问题。

（4）以习题评讲为形式的复习课。"习题在教学活动中的运用，主要表现在考查学生对历史学科掌握情况，培养学生历史思维能力，锻炼学生思维技巧，检验学生各阶段学习水平，检验教师教学效果，升学深造进行历史学业考核"①。所以，习题训练在历史复习课程中必不可少，是教学的重要内容之一。此外，安排此类复习课，教师常常通过高考的各类题型设计相关的评讲课，对解题方法进行指导。教师一般会在课前，让学生把本节课所要评讲的习题做一遍，再进行批改，对学生的易错点有针对性地进行讲解，这样既可以提高效率，也可以快速查漏补缺。当然，习题课也不一定是一堂专门的复习课，教师有时也将习题评讲放在日常的复习课中。

（二）高中历史复习的有效性教学意义

高中历史课程所包含的内容时间跨度大，知识点繁多，学生难以通过简单的学习就能掌握理解。根据苏联著名的心理学家维果茨基的观点，教学必须考虑学生已达到的水平并走在学生发展的前面。在开展教学时，必须考虑学生两种发展水平：一种是学生自身已具备的知识水平；另一种是在有指导的情况下借助教师帮助可以达到的解决问题的水平。这两种水平之间的差距叫作"最近发展区"，这个"最近发展区"就是教师可以通过教学

---

① 白月桥. 历史教学问题探讨 [M]. 北京：教育科学出版社，2001：177.

"创造"学生的发展。教师需要在教学过程中注重学生学科能力的培养，不管是使学生充分掌握知识与能力，还是使历史学科充分发挥其功能，复习是必不可少的教学过程。

（三）高中历史复习的有效性教学原则

1. 目标性原则

在高考中取得高分几乎是每个高中生的学习目标，虽然现在高考成绩并不能"一锤定音"，但仍然是衡量学生学习能力的重要标准。近年来的高考试题除了对基础知识考查外，也侧重对学生学习能力的考查，更加突出了高考的选拔功能。学生除了应具备良好的知识素养之外，还应拥有学习的潜力、科研的能力。历史学科承担着立德树人的教学任务，其课程目标既是高考试题考查的重要标准，也是高中历史复习中追求的最终目标。

复习课与新授课有很大差别，特别是在教学条件和教学目标方面。复习课是复习某章节或某阶段学习的全部内容，知识点繁多且杂乱，教师应对学生学习情况进行深入分析，明确教学目标，制订复习课计划，着力突出重难点及解决易错点。因此，我们需要明确复习课的功能，准确制定复习目标，才能提高复习课的有效性，实现复习的价值。

在教学实践中发现，许多教师在组织复习课时只简单罗列知识点，然后把时间交给学生，让他们自行消化或是背诵，这种模式只关注了复习课的知识巩固功能，忽略了学生学习能力的提升。所以，教师应明确复习课的教学目标，保证复习课贯穿整个历史教学的始终，不仅要运用复习课来强调学习中的重点、难点以及易错点，还要关注学科能力培养目标的落实，帮助学生理解知识点和纠正错误观点，同时要注重考试题型的积累，掌握解题思路和方法，从而让学生通过复习课不仅实现知识的巩固，并且达到提升能力的目的。此外，根据新课标的要求，教师要注重培养学生的"五大核心素养"，具体如下：

第一，培养学生的唯物史观，让学生对人类社会从低级到高级的发展脉络有正确的认识，让学生持有辩证的观点看待生产力和生产关系、经济基础和上层建筑之间相互影响相互作用的关系，社会存在和社会意识之间的关系，以及人民群众在历史发展中的重要作用等。复习的目标就是希望学生可以在学习中将唯物史观作为认识和解决历史问题的指导思想，能够在现实生活中正确运用唯物史观。

第二，帮助学生建立时空观念。根据唯物辩证法的联系观让学生知道特定的历史事实是与特定的时间和空间相联系的，在宏观的复习中学会运用多种方式划分历史时间与空间。历史事件的发生由多种要素构成，包括时间、空间、人物和地点等，同时其因果关系也是多元化的，学生要充分考虑各种要素，准确分析历史现象、历史事件和历史人物之间的各种联系，这样才能对历史事件做出合理的解释。学习历史，就是要学会以史为鉴，所以在复习中，也要教会学生将学习到的知识运用于分析当今的社会现象之中。

第三，要培养学生史料实证的精神。历史是过去发生的事情，我们想要了解历史就要通过史料。因此，要让学生了解史料的多样性，认识到史料可以是书本，可以是影像资料、可以是历史古迹等，只要是能够反映历史事实的事物都可以作为可供研究的史料。同时，教师需要帮助学生掌握如何收集史料，并且能够辨别史料的真伪性，因许多文本史料的观点都夹杂着其作者的主观意识和个人情感，需要学生进行辨析以判断其内容的价值。在复习中培养学生实证精神，以及如何运用所学历史知识解决现实问题的能力。

第四，通过复习学会区分历史叙述中的历史事实和历史解释。同一历史事物在不同人眼中通常会有不同理解，这就需要学生站在客观的角度对历史现象、历史事件和历史人物进行剖析，对不同观点立场的历史解释进行价值判断，然后分析归纳出自己独特的见解，从历史现象中提取问题，做出合理的历史解释。同时能够认识历史解释的重要性，并将这种能力运用到现实生活中，对现在的社会问题做出客观、公正的评判。

第五，在复习中培养学生的家国情怀，建立正确的世界观。让学生通过对中华优秀传统文化的学习，了解中华文明的历史价值和现实意义，利用历史的角度看待我国的基本国情，产生文化认同感和自豪感。通过对我国革命历程的学习，了解我国的革命文化和现今美好生活的来之不易，能够在生活中发挥艰苦奋斗和脚踏实地的精神，建立积极进取的人生态度，树立正确的世界观、人生观和价值观。通过对先进文化的综合认识和学习，坚定社会主义信念。不仅如此，在对世界史的学习中，了解世界历史发展的差异性和多样性，世界各国文化的多样性，建立国际视野。

2. 整体性原则

复习是对所学的知识进行回顾整理，把以前遗忘的知识记起来，重复学习学过的知识，最终目的是强化记忆，使知识在脑海中存留得更牢固，时间更长。其方式并不只是简单地背诵知识点，而是需要用新的视角或思路将知识系统化、整体化，将其形成一条知识链，这里所说的整体性包括两层含义。

（1）从知识架构方面来看。知识的整体性并不只是将知识通过框架图简单地关联起来，而是应该具体化。复习课是学生查漏补缺的好机会，如果将知识简单通过框架图建立联系，大而化之，很容易让学生错失查漏补缺的机会。所以复习过程中所强调的整体性是知识点的全覆盖，除了章节知识点外，各章节之间也要建立整体联系，构建知识网络。

（2）从能力获得方面来看。整体知识是指主体的认知、情感、价值观和机体行为等多种因素高度融合起来与知识对象相互作用的积极、主动应对能力及其结晶。知识是由个体在实践中与实践对象相互作用产生的，是抽象化的客观认识。如果想要把知识内化，需要通过实践作为媒介，从而实现知识的传承。也就是说只有把书本知识运用到生活实践之中，才可以发挥其作用，才能使其变为学生自己的知识。因此，复习课的设置应注重将学习与实践相统一，除了知识点的回顾之外，也应注重把知识内化成为能力。

3. 主体性原则

目前，复习课存在的普遍问题就是以教师为课堂的主导，无论是知识的归纳整理，还是例题的讲解都是以教师为主。复习课是让学生对已学过的知识进行复习巩固，梳理时间线，从而使学生在短时间内高效地掌握知识。但学生在此过程中很容易产生惰性，失去兴趣。因此，只有充分调动学生的主观能动性，才能发挥复习课的真正作用。

根据历史学科的特点，想要发挥学生的主观能动性，就要帮助学生培养历史思维能力。教师则需要关注学生逻辑思维、比较思维和发散思维能力的培养。逻辑思维能力要求学生对历史概念有准确的把握，对历史事件发生的原因及意义有准确的分析和判断，在复习的过程中发现事物之间的外在联系和事物本身的内在联系，尤其是历史事件之间，历史事件与历史人物之间也是如此。

比较思维是历史思维的重要组成部分，在复习课上发挥学生的主观能动性，让他们对不同历史事件进行比较，从而能够进一步发现历史本质及其发展规律，以拓展历史思维的深度和广度。而发散思维能力需要学生有较好的基础知识积累，以便运用掌握的知识进行全方位、多角度的问题分析。复习的过程就是对知识重组积累的过程，所以，复习的目的之一就是培养学生的发散思维能力。

（四）高中历史复习的有效性教学方法

1. 高中历史复习课的应用设计方法

（1）更新教学观念。"教育思想和观念指导着教师的教育活动，随着教育改革的不断推进，高中历史教师也要与时俱进，不断更新教育思想和观念，巩固教育学和心理学知识，以指导历史教学"[1]。

第一，树立新型"学生观"。落实以人为本的教育理念，充分调动学生学习的积极性，重视其兴趣和能力的培养，使学生会学习。教育的主要受众面是学生，要让学生在受教育

---

① 王方圆. 高中历史复习与有效性教学研究 [D]. 开封：河南大学，2019.

的过程中得到充分而良好的发展。虽然高考让我们的教学看起来是"应试教育",但这也正为我们教师提供一个契机来进行"素质教育"。在高考的压力下,学生对历史的学习会非常投入,有了学生的重视和投入,教师就需要因势利导,培养学生的历史学习兴趣。在高中历史学习和复习中,教师不仅要让学生掌握历史知识,更要帮助学生能够从历史的角度看待问题,学会认识历史的方法,成为学习的主人。

第二,树立新型"师生观"。教学中,教师习惯以"知识传输者"的身份对学生进行单向的知识传输,即教师不停地讲,学生被动地听。但是随着现代科学知识的更新,学生获取知识的渠道也不断增加,教师传统的地位有所动摇,职能也在发生变化,不再是单纯地传授教材上现有的知识,更需要指导学生如何自行获取所需。而互尊、互信、互助的师生关系,能有效促进"师生合作"。师生在教学过程中的关系是平等的,学生只有在动态、开放的课堂上,其主体性才能有所凸显,个性得到发展。因此,教师应是学生的引导者、陪伴者和支持者,而不再是传统意义上的权威者和命令者。

第三,树立新型"教材观"。在高中历史复习中,教师在带领学生进行复习时主要参照教科书的内容进行,学生复习的主要材料也只能是教科书,限制了历史教学的灵活性,忽视了课程资源的多样性。随着新课程改革,高考命题规律也发生变化,开始不拘泥于教材的内容,问题模式也发生转变。我国新课程改革的目标之一就是要把课程的自主权交还给教师,也就是说,教师可以在课标的指导下自由地挖掘图书馆、博物馆、互联网等课程资源,补充材料、重新整合、选择教法、科学评价。因此,在高中历史复习中,教师需要具有开放性课程资源意识,开发本地优势资源,适时调整教学设计,提高复习有效性。

第四,运用新型"史学观"。近年来,文明史观、现代史观和全球史观等诸多史学观在高考历史试题中得以彰显,这些史学观均是从宏观的视角来考查历史主干知识,其关注的更多是全球和全人类的历史,而不只是单个国家或某个地区的历史,它以全新的视角、全新的角度来评判历史人物和现象。充分掌握各种新型史学观,既是新课程改革的必然趋势,也是高考备战的基本要求。

(2)创新教学设计。教学设计是指课堂教学的设想和计划,即在课堂教学工作开始之前教学的预谋和筹划。教师在组织教学时应着力解决"教什么""怎么教"两个基本问题。尤其是在历史复习过程中,不能只是简单地重复和强化教科书上的知识、简单而固定的结论和历史意义,而不对知识进行阐释和延伸,但是也不能一味追求学生自主活动,认为课堂上教师少讲,学生多讲就是发挥学生的自主性,即所谓的"发现式课堂"。若教师只是简单将"课堂还给了学生",往往会因为学生没有扎实的基础知识,又没有教师的有效引导，导致他们只会陈述教材的观点和结论，而没有自主创新的思维。高中的历史教学，特别是复习课程的安排，受学习时间紧迫、课程任务繁重等多重因素影响，很少有教师能够采用这种教学模式，但也不能因此断言历史复习课只能是"应试教育"。不管是以上哪种情况，若不能做到合理设计，都无法保证复习课的有效性。

高中历史复习具有时间紧、内容多的特点，教师在组织复习时不可能做到全覆盖，这就要求教师灵活掌握，须对教材内容进行取舍。因此，教师更要认真研读新课改实施的课程标准及考试大纲，明确标准和考查重点，注重帮助学生构建知识网络，并以此为依据对教材的内容进行"突出主干知识，简略次要内容"式的教学。高考试题取材于课程标准的主干知识，因此，熟练掌握、灵活应用主干知识才是历史复习的根本和重中之重。而高考试题选材的主要依据是在人类社会文明演进的历程中，人类历史发展的总体线索、阶段特征以及某一时期发生的重大历史事件、出现的重要历史人物和特有的历史现象所产生的意义和影响等。根据新课程改革标准的要求，在组织学生复习时须将教材中乱、难、偏部分的知识去掉，这样才能使学生有效掌握主干知识并在脑海中形成清晰的知识脉络图。

（3）注重能力训练。高考历史学科主要考查学生对知识的掌握程度、历史学科素养、历史学科思维以及发现问题、分析问题、解决问题的能力，要求学生总体把握并灵活运用所学知识。因此，教师应在详细解读考试说明后，再组织安排复习课，既要体现历史学科的特点，同时还要体现各学科之间的联系。目前通过解读《普通高等学校招生全国统一考试大纲（历史）》可以总结出，高考历史对学生能力的考查包括以下方面：

第一，调动和运用知识的能力。能够将试题中的信息与所学知识建立联系，进行准确提取调动，理解历史事实，阐述历史观点。运用所学知识和有关信息准确地认识和理解问题；运用历史学科的知识原理对学习中的问题进行分析并解决，适当体现学科渗透。

第二，获取和理解信息的能力。明确试题的考查意图，准确地获取试题中材料的有效信息，能够将试题材料中的有效信息进行整合，并对其形成准确的解读。

第三，描述和阐述事物的能力。运用辩证的观点看待历史事实和历史人物，正确表述历史现象，能够认识事物的特征，把握内在本质和规律；拥有自主的历史观点和历史结论。

第四，论证和探讨问题的能力。历史事件的关系是具体而复杂的，会有一因一果、一因多果、多因一果、多因多果等各种具体情况，也有政治、经济、文化多方面因素影响。学生要根据试题材料的信息总结出独立的历史观点，能够运用判断、演绎、归纳、比较、概括等方法对历史事件进行分析论述，找出联系，做到观点明确，表达清晰，逻辑严谨，论据充分。

上述四项能力是紧密结合的，新课改所提出的"五大核心素养"也与之相呼应，都是学生历史学科发展的必备因素。在高考中，学生首先要能够从试题材料中最大限度地提取有效信息，判断问题意图，然后才能结合所学知识创新思维，进行准确的分析解答，并能够提出自己的历史观点。这些能力并不能一蹴而就，学生要习惯在平时的复习中发现问题，并独立解决问题。同时要注重知识积累，关注社会动态，拓展知识来源，能够从历史思维出发分析事物，并且要充分结合政治、地理学科综合思考，学会提出自己的历史见解。

2. 高中历史复习课的效果反馈方法

对于课堂教学而言，学生的学习效果反馈是教学过程中非常重要的环节，对于促进教学有效性至关重要。教师将知识讲授给学生，然后通过反馈得到学生的知识掌握情况，再通过反馈的情况不断调整教学目标和方式方法，寻求教学有效性的最大化。

（1）知识掌握情况的反馈。及时有效的反馈可以指导教师根据学生的学习情况不断调整和改进复习教学，关注学生知识点掌握情况，调整复习计划，以提高其有效性。

在复习课开始前，教师可以进行第一次学生学习情况的收集，然后对数据进行统计分析，以了解学生的学习情况，学情分析是每个教师讲课前的必要准备，所示表格的设计意图就是为了教师可以通过这种方法准确分析学情，避免无用功，制定适合自己学生的复习计划和课程，提高复习效率。本次复习课程或本阶段复习结束后，还需要再让学生填写一次学习情况调查表，然后教师可以将复习前与复习后的表格对比分析，更加直观快速地总结学生本次复习情况，这样不仅可以了解本次复习课程的效果，进行总结，节约了时间，还为教师改进和调整复习内容、复习方法提供参考，指导下次的复习课程，提高了效率。这种反馈系统的循环可以促成高效优质的复习。

（2）能力获得情况的反馈。根据历史新课程标准的要求，历史教学评价应以历史学科核心素养为目标，高考考核目标不再只关注学生的基础知识掌握情况，更在于学生的历史思维能力、解决问题的水平、创新思维等。

第三章 高中历史有效教学的多元化方法

第一节 启发式与主线式的有效教学方法

一、启发式的有效教学方法

启发式教学是各种教学方法的灵魂，应渗透在教学活动的各个方面，并贯穿教学过程的始终。教师在典型示范与一般要求相结合、讲授与引导相结合、肯定与补充相结合的原则指导下，可采取多种多样的形式进行启发。

第一，正问启发。正问启发是教师最常用的一种启发形式，即依据教学的重点、难点，提出富有启发性的问题，它往往在教材的关键处、转折处和引申处等提出"为什么?"提问要问到"点子"上，要有一定的分量，也要难易适度，有利于师生间的共鸣。同时，也要指给学生正确的思考方法，从正确的立场分析问题。

第二，反问启发。反问启发是教师从问题相反的角度或其他角度提出问题，激发学生的思维，深化学生对历史知识本质的认识和培养学生分析问题和解决问题的能力。

第三，观察启发。观察启发是利用图片、实物、幻灯和录像等增强学生直观形象的渲染力，形成历史表象和形象思维，然后在教师点拨和启发讲解下向逻辑思维转化，使学生找出规律或加强历史知识本质的认识。

第四，情境启发。情境启发是教师用高尚激越的情感、妙趣横生的艺术语言，或用电教的手段来渲染气氛，烘托主题，使历史事件或历史人物栩栩如生，形成一种意境，来增强情绪记忆，并使学生从中受到教育。

第五，推理启发。推理启发是依据历史发展中的因果关系和内在联系，启发学生进行逻辑推理，得出正确的结论。

第六，判断启发。判断启发是依据史实，经过点拨，把认识提高到能反映事物发展规律的高度上，来判断历史结论的是与非。

第七，对比启发。对比启发是将一个问题对应的两个方面，或截然不同的历史知识加以对比，经过启发，使学生加深对知识内涵和外延的认识。

第八，类比启发。类比启发是将某些有共同属性的历史知识归类，进行比较，启发学生找出异同，使学生准确地把握历史知识的真谛。同时，对提高学生鉴别能力也大有益处。

第九，辐合启发。辐合启发是将某些历史事实进行综合，经过启发，得出合乎逻辑的结论，使学生对历史知识由感性认识上升到理性认识，获得深刻、牢固的概念或理论。

第十，扩散启发。扩散启发是以某个问题为中心，多角度发问，让学生层层深入思考，重新组合知识，多方掌握知识，是一种有多种答案的思维启发形式。它可以培养学生的变通能力，同时也能激发学生的积极性和创造精神。

启发式的形式可以多种多样，但原则只有一个：就是在发挥教师主导作用的前提下，充分调动学生的积极性、主动性和创造性，是以学生掌握知识、培养能力和思想教育为目的的。

二、主线式的有效教学方法

要在高中历史课堂中运用主线式教学法，需要先明确何为"主线"与"教学主线"。"主线"扩展开来即为"主要的线索"，而"线索"指的是事物发展的脉络。高中历史主线式教学法指的是在课堂教学中，以某一特定的事件等作为课堂教学的线索，所有的课堂内容围绕这一主线进行展开；主线可以是时间、人物或者事件图片等多种不同的形式，这样的教学方法，是为了将课本上零散的知识点梳理成一条清晰可辨的历史脉络，使学生能够理解不同历史事件间的相互关系，培养学生的整体史观，使之能够全面地看待历史并能前后关联不同时期的历史事件。有别于传统教学法仅仅侧重于单个知识点的讲解，主线式教学法更注重学生整体史观的培养。

（一）主线式教学方法的功能阐释

新一轮课改要求一线教师改变过去可能比较常见的以教师为主体的传统教学方式，而替换为以学生为主体的教学，形成教师为主导、学生为主体的新型师生关系。与其他教学方法不同的是，主线教学法更要求发挥教师的主导作用并突出学生的主体地位，增加师生间的互动交流，增加学生融入课堂中的机会。不再是传统的教师一个人对着所有学生讲知识点的状态，而是通过加强师生互动，让学生也参与进课堂，让问题在师生的合作下共同解决。这样的教学方式，既有利于学生的学习，也有利于教师专业水平的不断打磨与提升。因为这样的教学法要求教师的教学内容不仅局限于书本上的几个知识点，而是需要教师对整体历史的融会贯通，需要丰富的历史专业知识和不断更新的历史教学技巧，以适应一代又一代的高中生。而主线式教学法还需要学生沉浸入课堂中，才能跟上教师梳理的主线内容，也就要求学生须提高上课时的注意力，增强听课时的积极性；并且在教学过程中需要学生不断思考，不断联想其他的相关知识，提高学生的思维活跃性。这样的教学方式下，师生都需要不断交流思考并反思，课堂气氛活跃，也更容易达到教学目标。

1. 主线式教学法有利于结合不同知识点

主线式教学法最突出的一个优势就是将课本上原本零散的知识点串联成一条完整的线索，学生在回忆时就可以由点及线，通过一个知识点就能发散出与之相关的许多其他知识点。相较于零散灌输知识点的传统教学方法，主线式教学法的不同之处在于，主线式教学法选择出一条确切的、适合于一节课内容的主线贯穿课堂。因此，主线式教学法最重要的任务之一就是在备课过程中，综合考虑学生情况与教材的关系，精选出合适的主线内容。选定的主线，一方面要紧扣学生的学情，使学生便于理解；另一方面也要注重课程标准的要求，要在完成教学目标的前提下进行。在此前提之下，主线的内容可以是多种多样丰富多彩的，可以随着时代的进步，教师不断选择与当前学生相适应的新主线。

在主线的具体选择上，主线可以选择一个历史人物的各个生活阶段，也可以是一系列相关的历史图片，还可以是一系列与教材内容相关的习题，甚至可以是为了某节课而编排的特定的历史小故事。主线可以由教师在课前备课时自主准备，也可以作为课前预习的作业交给学生，让学生自主梳理出一节课的主线。主线的形式多种多样，可以是上课时播放的幻灯片上的图片或视频，可以是教师印刷的文字材料，也可以是学生课堂上现场表演的情景短剧。主线如何呈现并不是最重要的问题，重要的是主线对教学效果的推动作用，主线是能够真正实现课标要求、完成教学目标的知识链。因此，主线虽然可以是教师提前设置好的，但学生有更好的主线思路时教师也可以积极采纳，这样更有利于实际的教学需要。

2. 主线式教学法有利于学生的深入思考

在实践课堂中运用主线式教学法，学生一方面需要理解教师的主线所在，需要学生从多角度并联系前后发生的众多历史事件进行联想思考，从而得出一个相对复杂但全面的理解，提高了学生思考分析问题的能力；另一方面，课堂的主线可以作为课前作业或是课后习题布置给学生，使学生自己掌握梳理知识的能力，使其思考问题更深入，也有利于学生整体史观的培养。

3. 主线式教学法能够提高教师教学水平

主线式教学法如果能在课堂中合理正确地被应用，能使教师与学生处于更平等的交往状态，师生的思想可以不停地进行碰撞，激发更多的课堂热情，真正实现师生的共同进步，达到教学相长的效果。

（1）有助于教师角色转变。教师是一个突破性的行业，教育观念在不断更新换代，课程改革持续推进，学生的个体差异也较大，这都要求教师需要不断更新自己的教学理念，以学生的发展为目标，教师也需要不断培养创新精神。在传统的教学方式中，教师可能只需要将书本上的内容灌输给学生即可，教师是教学活动的绝对主导，要求学生适应教师的教学；只要教科书和考纲不更新，教师只看重学生考试的成绩，教师的教学内容就不更新。而这样的教学方式显然是不符合新一轮课改要求的。主线式教学法则尽量保证学生在学习中的主体地位，教师仅仅作为"引导者"的角色帮助学生理解，而不是直接为学生解决问题，教师角色发生了重大的转变。角色的转变也就要求教师不断提升自我，以适应学生的需求。教师的地位由高高在上变为了和学生平等地交流，教师的形象由威严的"领导者"转变为和学生更亲密的朋友，师生可以在课堂上有不同的观点，教师也鼓励学生提出与自己相异的想法。当然，在学生遇到问题时也可以向教师寻求帮助，但教师并不是直接说出答案，更多的是引导学生寻找正确答案的方法。教师不再只关心学生的成绩，而更注重学生的身心健康发展。

（2）有助于提高教师专业素养。课堂的主线可以是教师课前准备好的，也可以是交由学生完成的，不论这两种方式之中的哪一种，学生都有可能在课堂或课后提出完全有别于教师本人想法的观点和思路。换言之，主线式教学法不光有利于促进学生的思考，同时也会给教师提供更多的思考方向和探索思路。因此，课堂上的师生交流，不仅是教师向学生教授知识的过程，也是教师接受新的思想观念的一次绝佳机会，主线式教学法的特点就是师生交流频繁，正是为教师提供了进步的契机。在与学生讨论主线的过程中，历史教师也可以学到许多其他学科的知识，主线可能会涉及很多方面的内容，这也要求教师自身要不断学习进步，贯彻终身学习的理念。

4. 主线式教学法能够提升课堂教学效率

（1）教学内容清晰。主线式教学法最显著的特点和优点就是使课堂脉络清晰化，知识点紧凑而不再零散。传统课堂之中，教师在讲解知识点时也会选择不同的材料与案例，这样的讲解之下，每个知识点的讲解虽然也很清晰，但知识是零散而不成体系的，学生在课后可能很难将整节课的知识作为一个整体记住，学生更容易记住的可能反而是教师在教学过程中使用的学生最感兴趣的一两个小点，甚至记住的不是知识点本身，而是课堂重点内容以外的辅助资料，很容易将教学的重点埋没在纷乱庞杂的巨大信息量之中，而学生通常很难再从其中梳理出重点。学生即使掌握了一些知识，这些知识也很不成系统，无法构建完整的知识体系。而且在这样的教学模式之下，每个知识点需要特定的案例来说明，一例仅针对一个知识点，甚至有时为了说明一个知识点需要使用超过一个案例，这在任务繁重而历史排课量又少的情况下，显然是不适合当前的教育现状的。但主线式教学法则恰恰相反，以一个完整的线索串联一整节课的内容，课堂脉络清晰，学生理解也方便，更有利于教学目标的完成。

（2）课堂氛围融洽。良好的课堂氛围应该是和谐的，师生关系应该是互相信任理解的，这样的教学才称得上成功。而主线式教学法正创造了这样一种和谐融洽的课堂环境，从主线的确立到主线在课堂中的实施，再到课后反思本课的主线是否合适，是否有更合适或精简的主线，这些问题都是可以由师生双方讨论而来的。不论课前课后或是课堂中，师生都是平等交流的状态，教师鼓励学生积极发散思维，学生也勇于提出自己不同的思路方法，师生都在积极思考；而不像传统教学只有教师一个人在教，学生只是被动接受知识。在这样的课堂中，学生的思维能力能得到极大的锻炼。

（3）培养历史核心素养。主线式教学法以一条明确的主线串联知识、贯穿课堂内容，同时在教学的过程中注重对学生五大历史核心素养的培养。可见，历史核心素养的培养是所有历史课程中都必须存在的主线，只不过在传统的历史课程中，有时核心素养的体现并不明确，而主线式教学恰好可以弥补传统教学方法在这方面的不足，主线式教学法虽然每节课选定主线都有所不同，但核心都注重教学目标的完成，将对学生核心素养的培养融合于教学内容之中。新课改后将历史教学的目标改为了五种核心素养，历史课堂需要教学的容量上升，而主线式教学法能在节约教学时间的前提下，很好地完成教学目标。

（4）模块知识互通。与传统教学方法中教师按照知识点逐一讲解的方式不同，主线式教学法是把一节课中涉及的所有重点内容整合成一条线索。因此，两种教学方式下的教学效果也存在很大的差异，传统教学法下的学生，由于教师教得零散，学生学得更零散，对于关联的知识点并没有强烈的整体意识，即使记住了相关的知识点，很多时候也只是死记硬背的结果。但主线式教学法却不同，教师在上课时已经将知识点进行了完整而清晰的梳理，并引导学生进行了深入的思考，通过理解，学生很容易对历史发展的过程有整体性的认识，即使不能完全记清主线中某个具体知识点的相关内容也无伤大雅。而且，在师生串联主线运用主线的过程中，很可能主线中涉及的内容并不局限于当前这一课，而是需要学生与已学过的其他模块的知识整合，学生通过回忆的过程也完成了复习的任务。整合的知识还有可能是未学的内容，此时则可以进行预习，到时学生学习新课就会事半功倍。模块知识本来是十分琐碎散乱的，通过主线的设置就完成了对不同模块知识的整合。

（二）主线式教学方法的选定要求

1. 依据教学目标确定主线

任何教学方法的使用最终落点都是为了更好地完成教学目标，因此，在课堂中无论是否使用主线式教学法都首先要考虑是否有利于教学目标的完成。而主线式教学法本身的特性就有利于整合课堂知识，因此在使用过程中须注意依据教学目标确定某一节课的主线，更加高效地完成教学目标。

虽然历史的发展自有其时间脉络与线索，但要求高中学生完全记忆理解还是有很大难度的。因此，教师在设计历史课堂主线的过程中，需要依据教学目标确定主线：一方面，可以减少学生的知识负担，对教学目标以外的内容可以适当降低学生的掌握难度，使学生将更多的时间集中到对教学重难点的理解之上；另一方面，教学目标是按照历史核心素养而设定的，在以教学目标为导向的课堂主线中，还可以培养学生的唯物主义思想、时空结合的观念、多角度分析思考历史的思维以及爱国主义等家国情怀。

在以教学目标为主线的实施过程中不可避免需要使用历史史料，而历史课堂的组成基础就是史料，教师的教学需要依托史料来推进，学生的学习也同样需要依靠史料来理解。史料的作用包括：一方面是促进学生对知识的理解，另一方面也有重要的思想教育作用。因此，教师选择实施主线的史料时，既要综合考虑本课教学任务的完成，同时也要考虑在史料中融合思想教育，使学生在学习掌握知识的同时，完成对学生家国情怀素养的培养。因此，在选择历史课堂的主线时，既需要主线能够整合知识，帮助学生理解以完成本课的教学目标，也需要使主线有更多的教育意义，提升学生历史素养。

2. 考虑学生的实际学习情况

主线在选定的过程中还需要考虑学生的实际学习情况，主要包括学生的兴趣所在及其接受程度。主线式教学法的策略之一就是以历史人物作为课堂主线，这是因为历史人物作为一个鲜活的个体，在被教师使用时，更容易引发学生的兴趣和代入感。因此，教师在选择课堂的主线时，要尽量选择与学生生活贴近的并能引发学生学习兴趣的史料。教师一方面要选择本身趣味性较高的史料；另一方面则要做到让史料的呈现方式对学生更有吸引力。现在的多媒体设备运用已十分广泛，教师可以通过课堂上播放图片、音频、视频等形象生动的内容，使学生在潜移默化中逐渐接受教师想要传达的信息，这样的方式下，学生的学习主动性更高，历史体验感更强，印象也更深刻，于是对知识掌握得自然也更牢固。

然而许多学生都说喜欢历史却讨厌历史课堂，出现这种矛盾的原因是学生在日常生活中接触到的历史一般都是有趣的历史典故，而到了历史课堂中却发现历史远远不只有趣的故事，还有许多枯燥又难以记忆的知识，而老师在传统课堂中虽然可能意识到了这个问题，但是讲述时仍然经常讲得十分高深，这样乏味的历史课就与学生想象中的有趣课堂产生了较大的反差，因此，许多学生并不喜欢历史课，也不想进入历史课堂，只是被动接受知识。因此，教师需要一个契机，吸引学生主动参与进课堂之中，让学生在看似无趣的历史知识点的表象下发现历史发展趋势的趣味性。

使用生动有趣的主线就是有效的方式之一，主线既生动形象引起学生兴趣，又有一定的思考空间留给学生，让学生不得不随着教师的引导而思维不停运转，学习效果就会提升。因此，可以选择以人物等生动的史料作为课堂内容的主线，因为人物更贴近学生的生活，人物生平中的小事趣事也可以运用到课堂教学之中，可以拉近学生与历史的距离。严谨是历史课堂必备的要素，但同时也需要趣味性并存，同时完成这两项要求，才能更好地在实现历史课的教学目标的基础上促进历史学科的进步。教师在选择主线时也须考虑学生的实际接受情况，主线式教学法可以尽可能应用于学生相对薄弱的课程内容中，一方面可以节约课堂与课后教师的备课时间，另一方面也有利于使学生在弱势的内容上取得更好的成绩。

3. 课堂主线以高考为导向

在当前的考试制度下，高考成绩仍是衡量学生学习成果的重要方式，因此，教师需要引导学生注意高考考点中的历史与生活中接触到的历史知识的区别与联系。教师是教学过程中的引导者，对学生正确学习历史知识起着非常重要的作用。教师一方面可以联系当下的电视剧热点，将学生感兴趣并有一定了解的内容融入课堂中去。教师可以在课堂上使用历史相关的影视剧以引起学生的兴趣。但是另一方面，教师需要特别注意并提醒学生影视剧中的内容与历史史实间的差别，避免学生出现直接将影视剧中的内容当成真实发生的历史事件的现象。否则，则会是对学生的一个极大的误导，教师所做的是要引导学生以历史史实为依据来看待各种已经过改编加工的影视剧。

课堂主线以高考为导向，一方面，教师可以在教学过程中以高考考点为核心，如使用习题主线策略，以全国各地的高考题串联课堂；另一方面，也要求教师在课堂史料的选择中以高考史料的选择标准为标准，严格选取史料。历史学科要求我们上课的内容必须符合历史的史实，历史最高的价值来自真实。历史课就是学生在教师的引导和帮助下去伪存真，辨明事件的真伪，所以选择真实的材料是要首要考虑的问题，这是由于材料不够固然是大问题，材料的真伪是更加严重的问题，因为材料缺乏，顶多得不出结论而已，而材料不正确便会得出错误的结论，这样的结论比没有更有害。真实的材料是历史课堂所必须拥有的支撑点，历史课的行进必须基于真实的历史事件之上，否则这节历史课就是悬浮的、不落实地的，这样的课堂不仅对学生缺乏相应的教育意义，甚至可能会阻碍学生正确价值观的形成。

历史课堂中教师所使用的材料，一方面需要是真实发生的事件；另一方面，即选择的材料不可以是"现有结论，然后找例证"，历史评价的角度是多样的，教师绝不可以已有了定式思维再去找相应的证据论证，选择材料时还是应全面地选择而非只选择符合自己认知的特定材料。

历史学科核心素养包括史料实证和历史解释，要求我们的历史结论必须由历史材料得出，并对史料进行辨析判断，在信史的基础上重现并还原历史，以此来培养学生客观理性的分析和判断能力。一切的基础都是论从史出，史料的选择正确与否就是课堂成功与否的关键之一，但仍有不合适的材料出现在历史课堂中，出现这种现象的原因是某些教师缺乏"尊疑"和"重据"的意识。因此，我们在选择材料时，应保持一种怀疑的态度，在怀疑的思考下找相应的证据，看是否能证实其真伪性，经过这样步骤被选择的材料真实性更高，更适用于高中历史课堂。对于材料不轻信不盲从，多持怀疑的态度，这是历史教师所必备的严谨思维。教师以高考为导向，一方面可以将知识与考纲紧密结合，帮助学生提高应试成绩；另一方面也可以尽可能地保证材料的真实性。高考中所运用的材料通常都已经经过了各位专家的反复对比斟酌，可以为教师在备课环节找材料的过程中节约许多时间，将更多的时间精力花在打磨主线上。

总而言之，主线式教学法可以有效提高课堂效率，同样的课堂时间里，教师既把知识点讲述清晰，还将所有的知识点串联成线索，并且在讲述主线的过程中整合其他已学过甚至未学过的知识，使学生的思维程度尽可能实现最大化。完成教学目标的同时，锻炼学生的思考水平和整合能力。因此，在设计课堂主线之时，需要教师根据不同的教学目标和学生的学情，灵活改变策略，因为一个教师的同一节课同时需要教给多个不同的班级，而各班情况显然存在差异，所以需要教师在运用主线时，可以随学生的不同情况改变其中的细节，以适应不同学生的接受水平和理解状况。

（三）主线式教学方法的问题反思

在高中历史课堂中运用主线式教学法，是培养学生整体思维的有效方法，对目前的高中教学实践有一定的指导意义，但在使用过程中，教师仍须注意以下方面：

1. 教学法要为课堂服务

教师在使用主线式教学法时首先需要明确的一点是，设置教学主线的目的最终还是要为教学服务，主线式教学只是方法和手段而并非教学的目的，教学的目的是学生更好地学习、更高效地实现教学目标。因此，对于任何教学方法的利用都应该是合理的，不能为了使用主线式教学法而在不合适的课堂中强行使用。一种教学方法一旦被广泛使用，那么在使用的过程中则很容易只知其"形"而忽略其"神"：教师在使用时可能只注重线索的把控和连接，反而忽视了更重要的构成线索的一个个知识点，而这些被忽视的知识点很可能是教学中的重难点。这样误用教学方式，不光没有达到主线式教学法所期望的提高课堂教学效率，反而拉低了效率，学生的思维也得不到很好的锻炼。所以，教师在利用教学法时，应综合考虑各方面的因素，把每种教学法都用于其最适合的课堂之中，竭力发挥每种教学方法的最大优势。

2. 教学要基于学生学情

由于用主线串联历史，有时会过于注重历史线索连接的流畅度，而导致有的知识点讲解比较快，可能使习惯了传统教学法中每个知识点都具体拆分讲解的学生有不适应之处，觉得一时难以接受。针对这样的情况，教师要做的首先应该是深入了解学生的学情，了解学生的知识水平与思维能力等方面的基本状况，并根据不同班级学生的不同学情适当改进自己的教学方式。如在学生对主线式教学法感到很不适应而认为学习压力过大时，此时教师可以将学生熟悉的传统教学法与主线式教学法相结合，将"大主线"拆分为学生更易接受的"小线索"，同时加入学生更熟悉的知识点的讲解，使学生逐渐适应主线式教学法的节奏之后，再逐步转化为更完整清晰的主线式教学法。学生在传统课堂中还可能养成了仅听课而不主动思考的学习习惯，改变这一学习习惯也不是一两节主线式课堂就能完成的目标，因此，教师在初使用主线式教学法时可能并非所有的学生都能跟上教师引导的思维方式，这时教师也不用太过着急甚至干脆觉得主线式教学法无效而直接放弃。教师此时要针对学生的不同接受能力给学生一个慢慢适应的过程，并在此期间引导学生，培养其创新精神和自主思考能力，在潜移默化中影响学生的思维方式。

3. 主线的设置需要巧妙

主线式教学法的教学中心就是主线的设置，主线的设置应巧妙而不能过于生硬。因此教师需要在教学前努力提高自己的专业知识和教学技能，更需要在教学过程中不断完善教育机制。因为课堂虽然是教师在备课环节已经预设好的，但真正的教学实施过程中，往往会出现许多意料之外的场景。教师虽然已经在课前完整设计好了整节课堂，这时也同样需要在遇到意外问题时灵活应对，因此，主线的设置应灵活巧妙，可以有一定的根据不同课堂氛围、学生表现而更改的余地。一节课学生需要掌握的知识及需要完成的课堂目标是相对固定的，但教师对课堂的组织方式可以有很大的变化，而主线式教学法的特性正是可以灵活改动，教师在教学过程中可以随学生的不同而改变主线组成中每个相关知识点的讲解，因此教师在使用主线式教学法时需要好好利用这一特性，为学生创造灵活多变的课堂，吸引学生学习兴趣，增强其思考，使学生学有所得，在轻松活泼的课堂氛围中自然而然地主动学习知识。

4. 教学法不会孤立存在

在实际的高中历史课堂教学中，很难仅存在一种教学方法就完全贯穿整节课堂，即使是传统教学法，也并非教师一人的讲述法，而穿插着提问法、讨论法等多种教学方法，主线式教学法也不例外。现在已经有了许多优秀的历史课堂教学法，教师在运用主线式教学法的过程中，也不应该排斥其他优秀教学法的有效性，在运用主线式教学法的前提下也可以多利用其他的教学方法帮助学生理解记忆。最好不要存在太绝对化的观念，要理解在教学中同时使用其他教学法也是为了主线式教学法服务的，为了启发诱导学生思考的，目的是让教学更顺利地进行。教师同时并灵活组合几种不同的教学方法也是其专业水平高的一种体现，而只固定运用某一种特定的教学法反而是不科学也不利于师生双方进步的。

（四）　主线式教学方法的实施策略

历史学科的教学方法丰富多样，因此，在一节优质的历史课堂中，可以同时运用多种教学法而非孤立使用其中的某一种，而当主线式教学法在课堂的使用中占比最大、给学生的印象最深刻时，我们即说这节课使用的是主线式教学法。教师通过对教材内在逻辑与知识体系的仔细梳理后可以发现，主线式教学法可运用的范围十分广泛，几乎每节课都能找到相应的主线串联课堂内容，因为主线式教学法的使用策略不是单一的，可以是形式多变的，可以以时间、空间、人物、事件、图片、习题等作为课堂的主线，下面将具体论述以人物、图片与习题为课堂主线的教学策略。

1. 人物主线的策略

"人物主线"策略，就是在高中历史课堂中"以历史人物为主线"进行教学设计，以人物作为贯穿整节课的线索，以人物的生平经历与课标要求相结合，将学生感兴趣的人物经历与学生需要掌握的教学目标有效结合形成一条完整的主线，以学生已知的人物资料导向学生未知的考点，使课堂可以兼具趣味性与教育性，促使课堂氛围更活跃，学生学习也更积极主动，从而进一步提高课堂教学的效率。人物是组成历史的基本要素，历史是由"人"组成的历史。而人物主线该如何设定，可以遵守以下的步骤：

（1）教师应该明确，每节历史课内容的跨度不同，并不是每一节课都适合以人物作为课堂的主线，显然有的课程并不适合，所以，需要教师精心筛选可以以人物为主线的教学内容，并且在选择人物作为一节课的主线时要选择典型的个案，主线要生动具体而传奇。

选择人物作为主线时，首要考虑的就是某一课内容的时间跨度，当时间跨度过大超过了一个人的生命时长时，还要坚持选择人物作为主线显然是不理智的。选择人物作为主线的课程内容，这一课的内容时间跨度一般应包含在某位或是某几位同时代的历史人物生平之内。

历史上涉及的人物数不胜数，因为每个人都是历史的参与者，因此，教师在选择人物作为主线时的选择自然也很多。历史人物分为正面和反面人物，教师在利用时可以将二者都纳入考虑的范畴。在数量繁多的历史人物中选择一位合适的人物也需要具体的方法，首先，教师要考虑的是学生对人物的熟悉度，选择学生熟悉的人物时，教师不用再另外花费过多的时间去解说人物，而可以将重点放在人物经历与课程目标的关系上；其次，教师还可以选择有典型性的人物代表，这样的案例可以使学生举一反三，由个案推导得出一般性的结论；最后，如果教师选择的主线人物是学生较为陌生的历史人物，则该人物的事迹要与该节课的教学内容相关度较之学生熟悉的历史人物更大，与课本内容契合度更高。

（2）选择好特定的历史人物作为某节课的主线后，则要挑选其与课本内容相关度较大的一些经历来填充主线。这里我们可以有两种不同的思路进行选择：一是选择某一位历史人物，选择其生平事迹中与课标要求相符合的相关片段，以其人生经历为线索，这种选择适用于课本的内容有一定的时间跨度，但时间跨度又不宜过大，要在某位历史人物的生平期间；二是选择同时期的多位不同的历史人物，这样的选择对时间要求较低，时间跨度很大或很小都可以使用，例如，在讲授"启蒙运动"这一课时，很难找出一位历史人物完全能涵盖启蒙运动的所有思想，这时则可以选择使用多位不同的历史人物分开阐述：以孟德斯鸠引出"三权分立"学说，用伏尔泰强调"天赋人权"，以卢梭说明"社会契约论"

等。总而言之，当课程内容选择以历史人物作为主线时，该课的内容最好时间跨度较短且内容较为集中，即与某位历史人物的一生或其中某段经历的时间长度大致相仿。

2. 图片主线的策略

图片史料与文字史料最大的区别就在于其直观性，直观的史料还包括文物史料、遗址遗迹等形式，但这些形式都很难在高中历史课堂上直接呈现，因此，借助图片就可以形象直观地展示某段历史，且相较于大段的文字说明更简单明了且不容易让学生反感。许多典型的图片史料中都蕴含着丰富深刻的历史信息而且较文字史料更生动有趣。

图片史料的特点是数量众多、适用面广且来源广泛。图片史料一方面可以证明历史，另一方面也可以补充历史。在教学上可以激发学生兴趣，使学生主动学习，所以利用图片史料作为一节课的"主线"来保持并激发学生的学习兴趣对教学至关重要。如在导入环节时为了吸引学生的注意力回到课堂上而使用图片，这时候选取的图片可以选格外有趣生动而形象的，这样在课堂开始就一下抓住了学生的注意力，那么整节课学生都会以更高的积极主动性来加入课堂，能够提高教学效率。在课堂讲授环节使用图片史料时，图片比文字可以给学生更多的想象空间和更多的代入感，使学生仿佛身临其境。大段的文字很容易让学生产生畏惧感而退缩，但图片史料则不会出现这种问题，有时学生甚至能注意到图片上教师都不曾注意的细节，因此图片也更容易让学生带入思考。

数量众多是图片史料的特点和优势之一，然而，如何从庞杂的图片之中选择出最适合课堂内容的，也是教师需要解决的问题之一。首先，教师需要选择与课程教学目标相符合的相关图片，不能只考虑到吸引学生注意而使用标新立异的图片，课堂选择的图片必须是为教学目标的完成而服务的。其次，教师选择的图片应该具有一定的典型性，能够调动学生的积极性，要使图片能启发学生思考，培养学生的历史思维，而不能仅仅让学生看过图片之后一笑而过，没有留下任何的思维痕迹，这样的话只是在浪费宝贵的课堂时间，对学生的意义不大。最后，为了体现历史学科的科学性与严谨性，选择图片时最基本的原则之一就是保持图片本身的真实性，如同选择文字史料一样，教师需要有怀疑的态度和去伪存真的心态，万万不能为了证实某个论点而篡改图片。不论是教师的教还是学生的学，都应遵循客观、严谨的原则，教师在使用历史图片前要小心分析求证，力图还原最真实的历史给学生。这样学生才能在此基础上，学习真实的历史，得出更精确的历史结论。因此，在使用图片作为历史课堂的主线时，也要尽量使用真实可考的图片，不能为了使用图片主线而罔顾历史的真实性选择一些无法辨别真伪的图片，那样反而得不偿失。

3. 习题主线的策略

习题的定义一般是已有已知答案的问题，来源可以是课程或教材等，提供的对象一般是学生和读者，习题是可以练习和实践的。而高中的历史习题既包括教科书、教辅资料及试卷等的文字习题，也包含教师在上课过程中向学生提问的口头习题。习题在帮助高中生理解知识、加深记忆、巩固练习以及培养思维等多方面都有重要的作用，习题的正确率还可以作为一项指标帮助教师了解学生学习的基本情况。习题是课后学生巩固知识的重要手段，也是教师在课堂上讲解所用的常见案例。但有的教师在讲解习题时仅仅将关注点放在习题本身，而忽视了习题对学生思维与分析能力的作用，也忽视了其与内在是有联系的。利用历史习题作为教学的主线，一方面串联起整节课的知识，另一方面也有助于学生巩固当堂课所学的知识。

教师在组织某一课的教学时可以使用习题作为主线。以习题作为主线，这里的习题可以是关于不同知识点的横向主线，也可以是深挖某一知识点的纵向主线。教师可以根据不同的课程类型选择不同的习题主线呈现方式，如在新课教学的过程中，一节课通常需要讲解超过一个知识点，那么这里的习题主线就可以用习题连接这些知识点；如果是在针对某一重点知识点的专门的复习课之中，那么教师就可以利用每个习题考查的侧重点不同，从多角度多维度多方面重点阐述这一知识点。教师在处理习题时，需要考虑习题所考查的知识点及知识点所侧重的方面，并将习题合理地归纳整合。

习题是在课堂中引发思维碰撞的最简单的方式之一，学生对于问题可能会有教师意想不到的见解，教师可以从学生的回答中帮助学生查漏补缺，了解学生对某个知识点的掌握情况；还可能通过学生的想法学习到新的观念。学生之间也可以因为存在不同的见解而相互"争辩"，这里的争辩不是吵架更不是无理取闹，积极的争论反而会促使学生反思自己的思维漏洞，学习他人的思维逻辑，更加增加学生的学习兴趣。而且习题作为主线，学生的参与度很高，因为随时可能被教师提问要求发表自己的看法，因此，这样的课堂上，学生的注意力较平时更为集中。学生答对了问题教师要多加鼓励，即使答错了教师也不会批评，只会指出其不足，再一步步引导学生，不论正确与否都肯定学生的思考。发挥学生的主体地位与教师的引导作用，学生既能提高应试水平又能增强思维能力。

（五）主线式教学方法的成效分析

1. 体现学生的主体地位

大多数学生都是喜欢历史的，然而能否让学生在喜欢历史的同时也喜欢上历史课则是历史老师需要解决的问题，这取决于历史教师对历史课程的编排，优秀的吸引学生的教学方法才能提高学生对历史课堂的兴趣。主线式教学法虽然是针对教师的教学方法，但立足点还是为了让学生更好地学习。因为素质教育要求学生在课堂中居于主体地位，而主线式教学法以主线串联知识，主线的行进过程需要师生的共同参与，这对发挥学生的主体作用有很大的意义。教师需要做到的就是明白自己并非教学过程的主体，转变传统的教学观念同时完成角色转变，由"教导者"变成"引导者"，明确学生才是教学中应发挥主体作用的角色。课堂是学生学习的课堂，而不只是教师讲授的课堂，因此教师需要做的是在课堂内容与学生之间架起桥梁，让学生通过桥梁自主获得知识，而不是教师直接将知识堆砌在学生的面前。二者之间的差异就在于，学生是否积极主动地学习，因此在使用主线式教学法时应注意突出学生主体地位。在历史课堂中，教学目标的完成需要师生双方的积极配合。一方面，教师需要以引导者角色，在主线的梳理过程中，借助问题等形式使学生思维不断运转，培养学生的创新精神和思考分析能力；另一方面，教师在教学之前需要充分了解每个学生不同的学情，根据学情不同与学生认知水平的差异调整主线的细节，尊重学生的主体性。

在教学过程中注意启发引导学生的思维，而不是直接灌输给学生现有的知识。高中教师在使用主线式教学法时，应该明确自己虽然是课程开发者，但服务对象是学生，要尽量满足学生的好奇心与求知欲，鼓励学生大胆提出自己的想法，发挥学生的个性才能发挥其主动性。

2. 引导学生去主动思考

高中学生的求知欲许多都来自好奇心，换言之，教师在课堂环节中能吸引学生的好奇心，学生就会开始自主的思考和探索。发现问题是解决问题的第一步，学生发现问题后先要会尝试用已有知识解决，主线正是给学生提供了这样的一条思路。教师设计的主线中，各环节内容是环环相扣关系密切的，尤其在问题主线中更加明显，前一个问题的答案可能正是下一个问题的题干，这样的设置之下，学生自然可以利用已有的旧知识解决全新的问题，当学生习惯于自己主动发现问题并思考答案时，这是学生的主动思维能力已经养成了。即使学生原有的旧知识无法解决新问题，学生也会去主动寻找答案，而不是像传统的教学过程中，学生几乎没有思考的余地，只是接受了教师所传授的内容。

而运用主线式教学法的课堂，不是单纯地讲授知识点，更重要的是在这一过程中培养学生的思维能力、发现问题的能力及整合历史的能力。主线式教学法帮助学生对历史形成更清晰而整体系统的认知，对其中的历史细节也更容易有精确的把握。例如，可以选择学生较为熟悉的明清王朝，因为有关这两个朝代的影视剧是学生日常生活中接触最多而最熟悉的。但是真实的历史却与影视剧出入很大，二者形成强烈对比，学生的好奇心与求知欲就被激发了，学生对与自己认知不符的事件更容易产生探究的欲望并以此激发学习的兴趣，使课堂更生动有趣。

3. 提高了课堂教学效率

在课堂中不论使用何种教学方法，都要立足课程标准的要求和教学目标的完成。而采用主线式教学法代替传统教学法的根本原因也是为了更好地完成教学目标，提高教学效率。从学生的角度来看，主线能吸引学生注意，引发学生兴趣，让学生跟随主线一起主动思考，学生能最大限度利用课堂时间，这本身就是提高教学效率的根本解决方法。另外，从教师的角度来看，主线设置的过程中已经将本课的教学目标融入其中，所以教学时方向十分明确，需要解决的问题也已经提前设置完成，主线中的每一个线索都有其目的，都是为了完成教学目标而设。所以课堂的时间可以被充分利用，课堂中很少存在无用的环节，效率得到提高。

第二节　开放式与讨论式的有效教学方法

一、开放式的有效教学方法

"在现今的高中历史课程教学当中，学界多倡导一种师生双边活动课形式，即让学生参与到课堂教学中来，引发学生学习的兴趣，调动学生学习的积极性，并实现启发学生思维，培养学生理解、接受知识，分析、解决问题能力的教学目标。"[①] 在有限的课堂授课时间里，如何打破传统教学模式，构建一套新的教学程式，怎样高效地实现教学目标，提高教学、教育的质量，是需要重点关注的问题。

---

① 蓝海丹. 高中历史开放式教学模式的构建 [J]. 广西民族师范学院学报，2012，29（1）：134.

（一）开放式教学方法的提出依据

1. 现实依据——传统教学模式的流程

普通高中教育是在义务教育基础上进一步提高国民素质、面向大众的基础教育。随着社会经济的发展，传统普通高中历史课程呈现出许多不能适应社会发展要求、不利于学生全面发展的问题。就高中历史课程教学的传统模式而言，大体上是遵循这样一个流程：教师引导学生复习旧课，引入新课—讲授新课—巩固新课布置作业。这样的教学流程在知识点的传授方面是很有成效的，但是往往过于强调教师的主导作用，忽视了学生的主体地位和学习主动性，教师与学生的双边交流仅限于一问一答这种简单的模式，即使教师的课堂教学艺术再高，也难以摆脱传统教学模式的弊端。若以这样的流程进行教学，培养出来的学生的动手能力、独立思考解决问题的能力及获取新知识的能力基本上都处于较差的水平。传统高中历史教学模式存在的缺陷必须通过教学改革，吸收高中历史教学改革成功的经验，解决目前高中历史教学中所存在的问题，全面发挥普通高中历史课程教育教学在提高现代公民素养，特别是提高学生学习和动手能力方面的作用。

2. 实施开放式教学模式的理论依据

高中历史教学模式的创建与实施，必须有科学的理论依据作为指导，否则会导致历史教育方向性的偏差。高中历史教育教学方式改革的根本依据就在于《普通高中历史课程标准（实验）》（以下简称"高中历史课标"）。只有深入学习和领会"高中历史课标"的理念和精神，高中历史教学改革才能符合主流方向，才能有的放矢。高中历史开放式教学模式的提出就是在紧扣"高中历史课标"要求的前提下，结合高中学生历史学习特点提出来的一种较好的教学方式。

（1）"高中历史课标"对现实世界开放性及其对人才培养的影响的判断，是实施开放式教学的根本理论依据。随着科学技术、文化思想日新月异，国际的交流不断加强，竞争日趋激烈。这提醒所有的历史课程实施者，现阶段的高中历史教育教学是在科学技术高度发达，文化思想日新月异和世界各国大开放、大交流的时代背景下进行的。同时，中国国际地位和国家发展方略决定了中国在世界变革与开放时代背景下必须进一步以更开放的姿态融入世界。培养的人才必须有开阔的世界眼光和强烈的国际意识。世界眼光和国际意识的培养就必须采取开放式的教学方式。

（2）"高中历史课标"给课程性质的定位是实施开放式教学的重要理论依据。"高中历史课标"指出，普通高中历史课程是用历史唯物主义观点阐释人类历史发展进程和规律，进一步培养和提高学生的历史意识、文化素质和人文素养，促进学生全面发展的一门基础课程。通过该课程学习，能使学生了解人类社会发展的基本脉络，总结历史经验教训，继承优秀的文化遗产，弘扬民族精神；学会客观分析问题、解决问题；学习从历史的角度去了解和思考人与人、人与社会、人与自然的关系。

"高中历史课标"对课程性质定位的描述中的关键词句要重点理解和琢磨。例如，"阐释人类历史发展进程"和"了解人类社会发展的基本脉络"表明历史发展的进程脉络是古今中外长时段的动态演进过程，没有开放式的心态，没有宏观视野就难以做到"阐释""了解"。又如，"总结历史经验教训"既有古今中外的历史经验，也有正反两面的经验，这必须是多维度、宽视野的总结，必须培养学生开放性的发散思维。

（3）高中历史新课程的基本理念是实施开放式教学的直接理论依据。"高中历史课标"指出，普通高中历史课程的设置，要体现多样性，多视角、多层次、多类型、多形式地为学生学习历史提供更多的选择空间，有助于学生个性的健康发展。课程的设计与实施有利于学生学习方式的转变，倡导学生主动学习，在多样化、开放式的学习环境中，充分发挥学生的主体性、积极性与参与性，培养探究历史问题的能力和实事求是的科学态度，提高创新意识和实践能力。与其他人文社会科学课程相比较，历史对于学习者而言是一种不可以复制和再现过去的知识，要从过去的历史事象总结抽象的历史经验和规律，具有一定的抽象性和较大的难度。只有给予学生学习的多重选择空间，只有在多样性、开放式的学习环境中，师生互动才能克服学生对历史课程学习的枯燥和乏味，只有师生、生生之间的思想交锋和碰撞才能激起思想火花，才能品味到历史学习的乐趣和意义。因此，实施开放式教学是高中历史新课程保持吸引力和生命力的根本要求，也是落实课程任务的根本要求。

（二）开放式教学方法的多向程式

第一，教师要科学地设计教学问题。教师按照教学目标的要求设计了一些课堂疑问，让学生就这些问题去思考。设计的问题应该具有科学性和兴趣性，这些问题既能把教材的知识点、重点、难点高度概括出来，又能激发学生学习新知识的欲望和感知新课的兴趣，所设计的问题能够满足不同层次学生对知识的需求，让他们能够在思考之中体味到学习的乐趣。

第二，引导学生带着问题进行阅读。让学生带着问题去阅读、感知教材，做好读书笔记，并独立找出答案或者解答的思路、方法。要求学生做到四方面：①阅读每个目录，要求熟知每个目录之间的联系，掌握各章节之间的关系；②列举本课的知识点；③找出本课的重点；④针对问题提出自己的解答思路、答题要点。

第三，教师分析整理知识结构与线索。教师用最简捷、最准确的语言和文字分析本课的地位作用，使学生能够加深对知识的理解，准确掌握本课的知识结构以及它与其他章节之间的联系。

第四，教师评价学生的自学结果。教师引导学生根据教学内容所设计的问题开展讨论，提出答题的思路和方法，教师再根据学生讨论的内容进行点评。点评时，教师应该把握好三方面的原则：①学生回答时，知识要点是否全面，避免疏漏；②学生答案的思路是否清晰，避免杂乱无章；③学生答题的观点是否新颖，有创意，避免肤浅。

（三）开放式教学方法的难点思考

开放式教学新程式的构建还处于探索、尝试阶段，其自身仍有许多不足之处亟须完善，在实施过程中还有些难点问题值得重视。

第一，如何保持课堂有效性。必须与时俱进，破除传统思想的桎梏，适时转变观念，寻求以创新为本质的教学新策略，根据社会现实和教学需要及时优化教学内容，对教材进行个性化处理，精选核心教学问题，注重课堂立意，做到不偏离课堂有效教学的总体目标。

第二，教师综合素质能否跟上开放式教学提出的要求。开放式教学不但要求教师"自信"，还要求教师"自强"，教学方式的转变要求教师及时更新知识，及时跟踪人文社会科学研究的最新趋势，注意跨学科的知识渗透，树立历史是时间、地理是空间、政治是观点的"综合文科观"，从历史角度重新认识人与人、人与社会、人与自然的关系。

第三，如何科学全面评价开放式教学的实际效果。在应试教育尚未完成向素质教育转变的过渡时期，任何教学改革都面临着这样的问题：教学方式符合素质教育要求，但评价方式却依然是传统的应试方式。尽管学生综合素质有所提升，但是这些提升在应试环境下能否体现在学生应试考分之中，如果无法体现，在现行教师绩效考核的劳动成果分配框架下，如何去保护开放式教学实施者的积极性；尽管开放式教学新程式的构建面临一些困境，但总体看这种教学模式无疑是顺应了当前中国教育体制的改革，符合中国素质教育的要求，它在教学上的应用，将会给传统历史课堂教学以面目一新的感觉，因此，其未来发展空间是宽广的，潜力是巨大的。

二、讨论式的有效教学方法

（一）讨论式教学方法的理论

1. 主体教育理论

讨论式教学法强调教学过程中学生的主体性，但学生主体作用的发挥是需要教师指引的，因此，在教学过程中必须处理好教师和学生之间的关系。

学生不仅是教师教授的对象，而且是学习的主人。因此，学生的学习不仅需要教师的指导，还需要学生自己主动发挥自我能动性。讨论式教学法就是要求学生遵从教师的指导，然后根据教师的指示积极进行讨论，主动解决各种学习问题。这个过程既能体现出学生主体性，也体现了教师的引导作用。

2. 学习动机理论

学习动机理论认为：个体产生行为并在与外界建立关系的过程中，获得个人控制感和胜任感从而形成积极学习和成长的先天能力。这种理论反映到课堂上就是如果老师能够在学习方面给予学生尊重和支持，并且在课堂上提供机会让学生自己做出决策，这样一来学生学习的激情就会比较高，学习的动力就比较大，学习质量就会提升。

讨论式教学法在实际课堂教学运用时，所有学生都会参与其中，大家在讨论的过程中就可以学到很多知识。在讨论过程中，教师要创造机会让学生来展示自己，从而增强学生对学习的责任感，提升学生自主学习能力，激发学生主动学习的欲望，提高学习效率。

3. 发现学习理论

学生在学习的过程中应该是一个探究者的身份，而教师的作用就是帮助学生创造探究知识的情境，让学生自己发现知识和探究学习方法，这样的教学才有助于培养学生主动学习的积极性和获得良好的学习效果。对于学习历史而言，学生学习和历史学家的研究在一定程度上是有相似性的，历史学家能够发现的一些历史规律，学生用类似的方法也可以获得。

4. 历史学科理论

历史是一门人文学科，它的学科特点要求历史课堂教学要做到：①论从史出，史论结合。讨论式教学法的教学就是要求学生自己结合教师提出的问题去收集资料，筛选资料，然后在讨论式过程中运用自己的资料做依据进行问题的论证，这就是做到了论从史出，史论结合。②育人。历史跟其他学科一样也承担着育人的责任，历史要培养人的历史思维和责任感、使命感。讨论式教学在讨论的过程中，学生相互切磋，这种过程有助于提升学生思辨问题的能力和团队协作意识。此外，学生为了自己的讨论式依据，课下需要自己去寻找历史资料，在找寻资料、筛选资料、分析资料的过程中学生也会逐渐感受到史料背后的历史精神，从而激励学生责任感和使命感的培养。因此，讨论式教学方法是非常符合历史育人的要求的。

（二）讨论式教学方法的意义

通过对近年来流行的一些教学模式的论述，不难发现"教学有法，而无定法"。"教学有法"指的是任何一堂课的开展都要使用一定的教学方法；"而无定法"指的是实际教学中存在各种教学方法，每种教学方法都是既有优点又有缺点。但在实际的高中历史教学中最常用的就是传统的讲授式教学方法，其他教学方法则使用较少，而讲授式教学法有它的优势，也有它的不足，并且其不足之处越来越明显，这也是研究讨论式教学法的原因之一。

1. 切合高中历史教学的目标

高中历史的课程目标就是我们熟悉的目标：知识、能力、情感。在传统的讲授式教学中认为知识目标是最重要的，知识目标是基础，在知识的基础上加强对学生学习能力和情感的培养，实际上在这种"知识中心"思想下培养出来的能力主要为应试服务的做题能力，这种能力符合应试教育的要求而不符合今天提倡的素质教育的要求。知识的价值在于作为思考的焦点激发各种水平的理解，而不是作为固定的信息让人接受。知识的掌握是形成思想和能力的基础，但是这并不意味着历史的学习就应该以传授知识为中心目标，这与素质教育的思想相悖。

现代教育对学生的要求不在于学生拥有多少过去的知识，而在于是否有独立学习的能力，是否具有创新精神，是否有发现和解决问题的能力，因此，培养和发展学生的能力成为今天教育的主要目标。中华人民共和国教育部颁发的教学大纲把历史学科能力分为四个层次：学生自主学习探究的能力，运用史料的能力，历史思维能力，阐述、分析和解决历史问题的能力。在讨论式的课堂，课前学生需要根据教师设定的讨论问题，自己查找和筛选历史资料，在正式上课时运用自己手中的资料和教材进行小组讨论，在与同学的思维碰撞中得出自己的结论，并且可以对他人的看法提出异议，最后将自己完整的看法进行归纳总结，解决教师设定的问题。整个过程充分体现了学生四个层次能力的培养。因此，讨论式教学方法有利于更好地实现历史教学目标。以对"新文化运动"评价为例，提前让学生收集资料，进行整理归纳，写出提纲，做好准备，在正式上课时阐述自己对新文化运动的看法，并对他人的看法进行质疑，经过讨论，学生会对该历史事件形成比较完整的认识和看法。

2. 符合高中历史教学的要求

讨论式教学法能否成为一种常用的教学方法首先要看它是否符合教学改革的要求，是否与教学改革的目标相一致。当今教育改革的总目标就是变应试教育为素质教育，即教育应向发展人的方向发展，由选择适合教育模式的学生向创造适合学生发展的教育方向发展，由注入式教育向启发式教育发展。要完成这种转变就要对传统课程进行改革，课程改革是教育改革的核心，而课程改革的核心就是要转变课程功能，改变课程过去只注重传授知识的倾向，要强调学生积极主动的学习态度，使学生在获得基础知识和基本技能的同时也可以形成正确的价值观，但无论是教育改革还是课程改革，它们的思想和目标最终都要体现在课堂教学上来，因此，教育改革的关键就是从真正意义上推进教与学，尤其是学习方式的转变。

在传统讲授式教学中，教师负责教，学生负责学，教师教多少学生就学多少。学生是被动接受知识，教师和课本是知识的源泉，历史学习走入"死记硬背"的轨道中，这种教学方式不利于学生创新意识的培养，不利于学生今后的发展。教学改革强调师生交往，积极互动和共同发展，教师和学生分享彼此的思考、经验和知识，交流彼此的情感和体验，丰富教学内容，达到教学相长的效果。

在传统的教学方法中，学生的学习方式是接受式学习，发现式学习受到冷落和忽视，历史课的学习成为一种纯粹被动记忆的过程，转变学习方式就是要转变学生这种被动单一的学习方式，提倡和发展多元化的学习方式，如自主式、合作式、探究式等，特别要提倡用参与式的教学活动来改变学生的学习方式，使学习成为一种发现问题、提出问题、分析问题、解决问题的过程，在教学中强调课堂讨论，鼓励学生积极探究问题，形成自主学习的习惯。

总而言之，无论是教育改革、课程改革还是学习方式转变，其总目标都是要突出学习过程中学生的主体地位。讨论式教学方法是以学生为中心的一种教学方法，它强调师生互动和生生互动，它的核心内涵是符合教育改革要求的。

3. 适应高中历史教学的内容

传统的观点认为教学内容就是教材，教材就是教科书，教学就是教学生学习教科书。

但现代观点认为教科书并不是唯一的教材，凡是承载教学内容和信息的物化的材料，乃至教具，都是教材。以历史教学为例，历史教材应该包括：教科书、教学参考书、学生练习册、历史文献资料、历史著作、历史理论书籍、与历史有关的图像资料、与历史有关的音像资料等，因此，高中历史教学的内容还要围绕教科书展开，教科书仍是指导我们学习的基础，其他教材作为补充。

讨论式教学方法在一定程度上打破了以教材为主的教学方式，使用这种教学方法需要大量的课外知识，但这并不是说讨论式教学方法是跟教材脱轨的。无论如何进行教育改革，高中学生的课程还是以教材为主，讨论的问题往往是教材上的重难点知识，如辛亥革命的评价、新文化运动的评价、儒学思想的意义等，只是学生在讨论过程中使用到的不仅是教材上的内容，还需要大量的课外知识去支持自己的论点，历史教材中许多重要的历史事件和人物可以使用讨论式教学法进行，因为历史学科是一种对人的认识，许多的历史现象和历史人物都可以见仁见智。这样一来在讨论式教学的课堂上教学内容就不仅是教材了，还有大量课外与历史有关的知识，因此，讨论式教学法在教学内容的处理上更具有现代理念。

（三）讨论式教学方法的原则

讨论式教学方法在课堂实际运用时需要遵循以下原则：

1. 全体性原则

在运用此教学法进行课堂教学时，需要遵循全体性原则，讨论式教学方法要求全体学生和教师都参与其中。传统的教学方法强调的是教师的教，对学生的感受关注较少，学生的课堂存在感较低，学生长久被忽视势必会影响教学质量。但是教师在用讨论式教学方法教学时，如果方法得当，一定可以调动起学生的热情，从而使所有学生都加入讨论中来。为了达到这样的课堂效果，教师在上课前，一定要先把需要讨论的问题提前告知学生，方便学生做好知识和心理的准备，学生可以从自己的学习基础和兴趣爱好出发去查找相关的课外资料。但是教师在讨论问题的准备上一定要做足功课，设计的问题要难易适中，合情合理，符合教材内容和教学大纲要求，让学生能够有话可说，有话想说。

2. 秩序性原则

教师在传统的教学中是占主要地位的，整个课堂教学是以教师为主的，因此，课堂的纪律和秩序比较容易掌控。然而在运用讨论式教学方法时，由于这种教学方法自身特点，使得课堂的纪律和秩序相比较传统教学要难以控制，因此，这就对教师的课堂管理能力提出挑战。教师要时刻关注学生学习动态，当发现学生的注意力分散，讨论的话题与教学无关时，教师必须及时进行劝导制止，把学生讨论的话题转移到教学上来，禁止跟教学无关的行为，恢复正常的教学秩序。

3. 趣味性原则

无论采取何种教学方式，都无法忽视"趣味性"这个关键原则。在历史课堂上，设计一些有趣味性的问题，更能激发学生学习和讨论的欲望。中国上下五千年的历史中，具有神秘和趣味色彩之处很多，教师要善于发现这些话题，使其为课堂教学服务，同时也可以拓展学生的历史视野和丰富学生的历史知识。例如，夏、商、周的历史距离学生的生活实际较远，涉及的分封制和宗法制的知识点不容易被学生理解，此时教师上课时可以向学生出示夏、商、周三个朝代的地域版图，让学生看着地图思考相关问题，学生就会显得兴奋，提出很多自己管理的想法，其中就有分封制和宗法制的核心内容，这节课的教学内容就在学生欢快的讨论中解决了。

4. 平等性原则

在进行讨论式教学时，教师要有这样的意识：教师和学生处于平等的地位，这种意识是打造和谐师生关系的思想基础。新课改也对师生关系提出新的要求：师生之间应该是一种相互包容、地位平等、互相尊重、互相学习的关系。在新型的师生关系中，教师不是高高在上的，而是一个引路人的角色，学生不再只是接受者，而是学习的主角。教师要以一种平等的态度跟学生进行讨论和交流。

5. 民主性原则

每个人都有言论自由，不能拒绝任何同学发言，必须坚持民主性原则，只有这样才是真正的讨论。讨论式教学方法是让所有学生都有机会参与的一种教学方法，让每个学生都拥有说出自己想法的机会，不管这种观点对错与否。即使学生的答案比较偏颇，教师也要以鼓励为主，适当引导，这样学生才敢在课堂上表达自己的想法，才会积极去思考，去探索。在使用讨论式教学方法进行教学时，只要课堂时间允许，教师要让每一个小组都有一次发言的机会，并且教师要提前规定，每个小组的每个成员都必须至少充当一次小组代表进行发言，尽量去照顾到每一位学生，让所有学生都有展示自己的机会。

6. 实效性原则

每一节历史课都有重难点知识，每一节历史课都有相应的教学目标，在实际教学中，教师不仅要让学生掌握重难点知识，也要让学生掌握一些学习方法。但是在现实中，由于教师的课堂掌控能力不足或者问题设计有些欠缺，课堂上看起来热闹，然而学生根本就没有理解本节课的重难点知识，教学目标也没有完成，整堂课流于形式，那么这堂课就是无效的。因此，讨论问题的设计一定要紧紧围绕教学目标而展开，当发现学生的讨论与教学目标无关时，教师一定要及时禁止，将学生思维引导到课堂教学中来，这样的讨论才是有效的。

7. 批判性原则

学生在上课时如果带着一种批判心态，他们会更愿意聆听别人的想法，并且愿意去询问和探索。批判性讨论是一种怀疑、争论、反驳的过程。当听到有价值、论据充足的观点时，要么及时修改自己的观点，要么坚持自我。当各种观点层出不穷时，这种氛围才更容易激发学生思维的运转，更容易产生一些创新的想法。

（四）讨论式教学方法的模式

1. 主题教学模式

历史主题教学模式就是以学生为主体、教师为主导的双边互动的体验式理解教学方式，一切历史"主题"应服务于历史的教学目标。该模式的实际教学中，历史主题贯穿课堂全程，不断激发学生探究历史的欲望，允许学生发表不同的观点，全面透彻地理解历史的本质。

"主题教学"模式应遵循的基本原则有：①整体性。基于历史"主题教学"模式的思维方法，要求教师不论是备课还是具体的课堂教学，不论制定学习目标还是涉及思考问题等，都应做到紧紧围绕主题展开，提炼的鲜明主题必须是统摄教学内容的，这样才能在总体上把握住课堂的核心。②综合性。在历史"主题教学"模式实施过程中，只使用这一种教学方法是无法完成教学任务的，为了更好地发挥这一教学方法的教学功能，它需要其他历史教学方法的配合。③时代性。教学主题需要密切历史与现实的联系，贴近当下社会、贴近生活，注重主题的历史性与现实性相统一，体现时代特征。历史教学目的不仅是让学生记住书本上的历史知识，更重要的是要让学生学会依据现实和社会的需要将书本上的知识转化成有益的社会实践知识，以达到服务现实和社会发展的目的。④学术性。历史主题的确定要充分考虑史学研究的变化和发展，争取做到将最新史学研究动态呈现到历史课堂教学中，不断地给历史教学补充新鲜内容，使历史课堂带有学术性，成为学术课堂。⑤发展性。教师面对的是生活环境不同、经历不同、价值观念不同、思想各异的学生个体，这就要求历史教师在日常教学中尽量时刻关注每一位学生在生活学习上的变化发展，根据这些观察，教师可以具体地、有针对性地制定教学策略。

总体而言，在历史课堂运用历史"主题教学"模式，可以让学生全面深刻地认识到历史事件发展的历程，开创一个全新的历史教学视角，提高学生学习历史的深度，增强学生思考问题的能力，更好地实现历史的教育功能。虽然高中历史中大多数知识可以应用历史主题教学模式，但有部分章节知识比较独立，很难和其他知识进行整合，使得这种教学模式的应用范围具有局限性；这种教学模式需要教师课前做大量的整合工作，经验或专业素养欠缺的历史教师可能无法驾驭；教学中发现，学生对史料的分析、处理能力还有一定的欠缺，有待进一步提高。

2. 情境教学模式

情境教学指的是将教学目的的实现作为目标，以教学实际情况为准，将教材内容设置为出发点，导入或创设具体的情境或氛围与教学内容相联系，引发学生情感共鸣，快速而准确地理解教学内容，促进教学效率提高的一种教学方法。这种教学模式的理论基础主要是建构主义和认知主义。

情境教学模式在实际教学过程中需要遵循以下教学原则：①诱发主动性。为了使学生在一种欢乐轻松的氛围中产生学习兴趣，教师积极引导学生快速地进入所创设教学情境中，引起学生的学习兴趣，这个过程概括为：创设—探究—乐趣—产生动机。②情境和认知相统一。情境教学模式的目的就是要激发学生的情感和认知，因此，课堂上要将情境、认知、情感三者融为一体，情境的创设要为教学目标服务。③重视创新。在新课程改革的背景下，我们的教学理念必须走在时代的前沿，走在学生发展的前沿。用这样的标准来要求自己的教学，学生就会进入一个永不结束的"最近发展区"，学生的认知水平会不断提高，学生的历史视野也会越来越宽。

3. 学案导学教学模式

学案导学教学模式主要就是以学案为依托，引导学生进行自主学习。学生在学完学案后就可以了解该课的基础知识，然后再跟其他同学进行合作交流，从而进一步加深对知识的理解，最后在教师指导下构建出自己的知识框架，并掌握相应的学习方法，这就是学案导学模式大致的教学流程。在此教学模式中，"学案"主要起到一种连接的作用，把学生已有的知识和新知识联系起来，为学习新知识奠定一定的知识基础。"学案"里的内容主要有：课程目标、学法指导、知识储备、预习新知、问题探讨、概括归纳、梯度练习、课外延伸、成果检测，学案编写的侧重点会根据课程的不同而不同。

4. 问题探究式教学模式

问题探究式教学模式是指根据教学内容和课程标准的要求，由教师创设问题和情境，引导学生发现问题、探究问题、解决问题，培养学生分析问题的能力，提高学生的创造性，促使学生全面发展的一种教学模式。在问题探究式教学模式中教师主要担任启发引导的角色，引导学生收集和分析资料，然后学生以小组为单位进行探究讨论，最后归纳总结。教师要给予学生展现自我的机会，把课堂留给学生，课堂上学生之间相互讨论、分析、探究、总结，最终解决问题。

在问题探究式教学模式中学生可以采取自主探究、小组合作等多种探究方式，学生之间可以相互帮助，使知识和能力水平不同的学生可以互补。学生在探究的过程中还可以培养与他人合作、理解尊重他人的优良品质。这一教学模式的最终教学目标不是解决某一个具体的问题，而是培养学生收集、分析、概括和创新的能力，让学生养成合作、创新、坚持的精神品质。

问题探究式教学模式在实际教学中同样需要遵循以下教学原则：①学生的主体性和互动性原则。在该模式中学生是课堂的主体，所以问题情境的创设也要体现出这一特点。②问题的开放性和价值性原则。问题探究式教学模式是以问题为核心的，因此，怎样设定问题、设定一个怎样的问题是该教学模式能够有效推进的关键。③形式的灵活性和趣味性原则。问题情境创设要利用多种要素，如文字史料、图片、图表和数据、音像资料、口述历史和表演历史短剧等，多种方式激发学生的探究欲望。④策略的科学性和有效性原则。实施问题探究式教学模式是一定要讲求策略的，这样才能使该教学模式达到理想的效果。教师在创设情境和设置问题时首先要尽量挖掘教材资源或者贴近教材；其次要重视周边的资源，重视校本资源和乡土资源的开发，重视贴近学生的日常生活，这些都可以成为教学中的资源；最后要重视时事问题。教师一定要关注国内外新闻，用热点、焦点问题让学生了解社会、走近社会。

5. 学习中心型课堂教学模式

"学习中心型课堂"是以科学主义理论、建构主义理论和多元智力理论为理论基础，以新课标为要求，以互动、探究为基本学习方式的教学模式。该模式的基本教学原则为："师生互动""问题探究"和"深度学习"。

学习中心型课堂教学模式具体的教学环节为：①分析学情，设定教学目标。教学目标的设定必须以学情为依据，只有了解学生的实际情况，才能设计出比较合理的教学目标。②复习提问，激活已有的知识。在每节上新课之前，针对上课的需要，教师要精心设计好需要学生复习的内容，采用提问、讨论、检测等方式，激活学生的已有知识，为新知识的学习打下基础。③精心组织教学。教师要根据学习目标、学生知识储备与理解能力确定教学的重难点，采用恰当的教学方法将其攻破。选择自主学习、合作探究等多种方法进行师生、生生之间互动，为学生展示自我的机会。④归纳总结。新知识的学习完成后，教师要和学生一起对本节课的知识进行归纳总结。通过这种方式，引导学生建构自己的知识体系。⑤检测预设目标，评价学生。通过教学预设目标，教师应设计不同的方式，检测学生理解、掌握、运用所学的水平，并对学生在此过程中的表现进行评价，评价要中肯客观。⑥设计作业，反馈教学效果。

学习中心型课堂教学模式的优势在于：有利于使学生对历史感兴趣、有利于教师教学观念的更新等。同时该模式的不足和缺陷也显而易见：教师的理论和实践水平还存在差距、学生自主学习的能力较差、实践效果受到推行时间的限制等。

（五）讨论式教学方法的优劣势

1. 讨论式教学方法的优势

（1）发挥学生的主体作用。使用讨论式教学方法一个重要意义就是发挥学生的主体作用。讨论开始前，教师要求学生自己去查询资料，这个过程中学生就会对资料进行筛选，这就锻炼了学生甄别资料的能力；讨论进行时，教师把课堂交给学生，学生就教师提出的问题进行争论和探讨；讨论结束后，小组代表发言，在组织语言过程中会锻炼学生历史思维的发展，培养学生的历史意识。整个流程全部是围绕学生展开的，学生的主体性发挥得淋漓尽致。

（2）提高学生的综合能力。讨论式教学的课堂上，学生要对教师设计的讨论问题进行仔细思考，这样才会形成自己的看法，有话可讲，不至于当别的同学对自己的观点进行质疑、辩驳甚至否定时，自己毫无招架之力。如果自己准备工作做到位，胸有成竹，面对别人的挑战，不仅不会慌神，还会用有力充足的论据去反驳对方，学生的独立思考和语言表达能力都会提升。讨论式教学为学生营造了一种宽松课堂氛围，这种氛围可以让具有创造性思维的学生来表达自己的创新想法，各种创新观点就会产生，学生的创造性能力也就不由自主地提高了。在课堂中使用讨论式教学方法，学生的耐心、自信心、毅力等方面都要受到一定的挑战，一旦学生在这些方面经得住考验，就会形成一种鲜明的个性特征。

（3）激发学习历史的兴趣。兴趣是人们力求认识某种事物和从事某种活动的意识倾向，它表现为人们对某种事物、某种活动的选择性态度和积极的情绪反应。兴趣是非智力因素的核心，也是学生主动学习的内在动力。兴趣是最好的老师，在讨论的历史课堂中，学生课下可以就自己感兴趣的某段历史进行了解，然后在课堂允许的时间内各抒己见，其他人可以对该学生的言论进行适当的评价，评价出哪个部分的发言比较出彩，哪些方面还有待完善，学生心中的想法得到了释放，就会表现得更加活跃积极，学生学习的兴趣也就由内而外地被激发出来。

（4）构建新型的学生观、教师观和学习评价观。我国的新课程改革提倡自主、合作、探究的学习方式。而讨论式教学法就是这样一种学习和教学方式，如果这种教学方法在高中历史教学中长期使用，我们就会认识到高中学生有自己的思考，自己的想法，这种认识有利于构建一种全新的学生观。学生观得到了改变，教师观也不能一成不变。在讨论式课堂中，教师会深刻体会到教学不只是简单的知识传送，而是知识的进一步加工，在这里，教师扮演着引导者的角色，引导学生从已有的知识中衍生出新的知识。一种新型的平等、包容、尊重的师生关系就产生了。

2. 讨论式教学方法的劣势

（1）教师缺乏相应的培训和教学经验。目前，受应试教育的影响，部分高中教师在高中历史教学中仍然使用传统的讲授法，毕竟传统的讲授法十分适用于我国目前的教育实际。传统教学方法简单易懂便于操作，可以节省时间和空间成本，效果也比较明显。而此教学法在实际操作时要比传统讲授法稍为困难些，也不容易取得立竿见影的效果，运用这种教学方法需要经过长时间的沉淀才可以看到它的效果，这也是该教学法难以推广的原因之一。有些教师创新意识和改革意识较强，对这种教学比较感兴趣，也比较乐于运用该教学法于课堂中，但是也有些教师由于缺乏相应的准备，没有理解其中的实质和核心内容，设计的问题与学生的兴趣和教学的实际需要关系不大，使得课堂的讨论流于形式，没有深度，从而影响课堂的教学效果。如果教师要采用这种教学，一定要提升自己的教育教学水平。

（2）如果教师在使用这种方法教学时，教学策略出现问题，就会使得整堂课显得了无生趣。例如，教师没有事先告知学生讨论的问题，学生课下没有做相应的准备，那么在讨论时学生就不清楚怎么做，这样就无法调动学生学习的欲望，就会降低课堂效率。有经验的教师一定会在课前仔细设计本堂课讨论的问题，并且提前将问题告知学生，让学生课下有所准备，这样在正式上课时学生才会有言可发，整堂课才会变得充满生机。

（3）讨论式教学方法的实施比较费时费力。在实际的教学过程中，教师往往认为出现问题的主要原因是自己的实际操作问题。其实出现问题不一定是教师原因，这种教学方法本身也是有局限性的。在讨论的课堂上学生容易思想抛锚，讨论一些与教学无关的问题，扰乱课堂正常的教学秩序。而且这种讨论式教学，讨论是整堂课的核心，会占用课堂上大部分的时间，因此，这种教学方法对教师的要求比较高，它要求教师要严格把控课堂上的教学节奏和学生的纪律问题。此外，这种教学方法对学生的素质要求也比较高，学生必须具备一定的历史知识和历史素养，可以阅读史料和简单地分析史料，这样的要求对于一些学习成绩不太理想的学生而言比较高，这些学生比较难以跟上讨论式课堂的节奏。鉴于这些局限性，教师在实际运用中要做到扬长避短，尽量规避这种局限性的发生。

（六）讨论式教学方法的运用

讨论式教学是以讨论为主要环节的教学方法，怎样组织讨论，怎样使讨论顺利进行，这是课前准备的核心内容，关系到讨论式教学的成败。但是这种教学不同于传统的讲授式教学，因此二者的准备工作也不大相同。在传统式教学中，课前需要做准备的主要就是教师，学生课前需要做的工作较少。但在讨论式教学中，学生要和教师一起来为这堂课做准备，通常这样的课前准备工作需要大量的时间，但是在这个过程中学生进行了参与，他对学习的主动性就体现出来了。

新课改理念中倡导教学突出学生的重要性，注重学生的学习过程，我们鼓励学生创新，并有自己的看法，但并非所有的学生创新想法我们教师都要鼓励，我们不应忘记高中生始终是受教育的对象，他们需要教师的正确指导，因此讨论式教学课堂中不仅要对学生参与讨论的过程进行评价，还要对学生得出的结论进行评价。总而言之，高中历史讨论式教学过程一般是按照课前准备—组织讨论—小结评价这样的顺序进行的。

1. 课前的准备过程

（1）精心准备讨论问题。讨论问题的设计是讨论式教学的关键，问题的设计要符合历史知识体系、学习能力体系和学生最近发展区。历史知识体系反映了历史教材的核心内容，这是学生进行讨论的基本知识基础。学习能力体系包括认知能力、历史思维能力等，反映了教学大纲有关能力方面的要求，这是学生进行讨论的能力基础。学生的知识基础、能力基础奠定了学生最近发展区的基础。因此，设计讨论问题时一定要从学生的实际知识水平和能力层次出发，把握学生最近发展区，在教师指导下学生在知识和能力等方面能够达到自我解决问题的水平，简单而言设计的问题应该是让学生只要努力就能够解决的问题，既不要太深，也不要太浅。

设计讨论问题还要注意对历史事件的选择。人类历史是一个漫长的过程，历史事件和历史人物纷繁复杂，设计讨论问题时尽量选取一些有争议但是又对历史进程产生重大影响的历史事件或历史人物，或者是与当今社会联系密切的热点问题。

设计讨论问题应注意问题的启发性。设计的问题在课本上并没有现成的答案，能够引起学生探索的欲望，学生课下需要去查询资料、筛选资料、分析资料，从而得出自己的结论，并且可能出现多种结论，因此，评价性问题更适合做讨论，因为这种问题从思维的逻辑形式上来讲属于一种归纳式问题。

（2）教师要有效指导学生。在正式上课之前，教师要对学生进行有效精确的指导。首先，教师要指导学生收集资料，材料收集的渠道是多元化的，教师可以指导学生利用周末时间去图书馆查找，也可以利用网络资源进行查找，还可以跟家里的长辈沟通。教师要告诉学生，无论是哪种方式获得资料，必须保证资料的真实性和客观性。其次，教师要制定和宣布讨论规则。运用该教学法正式上课前，教师一定要制定并且向学生说明讨论规则，否则课堂上就可能出现多人发言的混乱情况，所以规则是必需的。讨论规则应包括：①别人发言时，其他人要保持安静，仔细聆听别人的观点；②每个小组推荐一名代表发言，小组其他成员可以进行补充，但一名同学只能补充一次；③每个人发言限时两分钟，一堂课最多有两次发言的机会；④学生想发言时需要举手示意教师，经过允许后方可起立发言。

教师把所有学生分成小组，学生以小组为讨论的基本单位。讨论小组一般由 6~8 个学生组成。在划分小组时，教师要充分考虑学生的知识、性格、性别等因素，教师要尽量使小组成员之间的个性、学习水平、性别上有所差异。

（3）学生要提前熟悉收集到的资料。上课之前学生务必熟悉教材内容和自己提前收集到的相关资料，在阅读时候要带着学习目的去阅读，防止泛泛而读理解不透材料，最好是带着历史辩证思维去阅读史料和历史人物，这样对于上课时的讨论有一定的帮助，可以提高讨论的深度。

学生在阅读完成后要做好发言的准备。如果学生没有做好发言准备，在实际课堂中就有可能出现学生的发言与课堂讨论主题无关或是发言时拖拖拉拉，吐字不清，课堂的进程就会放慢，影响教学进度。所以课下学生一定要做好上课发言的心理和知识准备。

2. 组织讨论的过程

（1）激趣导课。教师在进入新课之前，可以先进行导课，通过导课快速将学生的注意力拉到教学中。为了使导课充满趣味性，教师可以利用一些史料、多媒体、历史故事、实际生活案例来创设历史情境，让学生在情境中直观清晰地走进历史。

（2）组织交流讨论。组织交流讨论是最重要的一个环节，是课堂的高潮部分。历史学科相比其他学科的特点就是知识点琐碎，史料史论众多，学生经常会因为使用的史料不同，看问题的角度不同，因而得出的结论也不同。因此，在课堂讨论环节，学生经常会暴露出种种分歧，老师必须运用合适的策略来把握课堂的讨论情况。

第一，组织小组合作的形式进行讨论。在组织交流讨论环节，将学生分成若干小组，然后学生进行小组间的讨论，学生之间相互交流课前自学的概况，一起讨论协商自己在自主学习中遇到的问题。经过这样的交流，学生之间互帮互助的意识就加强了，同时学生在交流的过程中还可以互相辩论，在辩论中解决自己的疑难，学生的发散性思维在这种辩论过程中得到了培养。此时的教师要注意巡视，及时关注各组讨论动态，遇到学生有问题时，教师要及时解答学生的困惑。

第二，教师就学生的共性问题进行点拨。小组讨论结束后，学生要展示小组的讨论成果，教师需要及时对展示成果进行评价。另外，学生可能还会存在一些小组解决不了的疑难困惑，这就需要开展全班讨论，教师可以从旁点拨，尤其是对本节课的重难点，教师一定要及时点拨，确保学生掌握。在一次次的讨论中，学生在无形中就培养了问题意识。同时，生问生答、生问师答、师问生答多种互动方式，使上课气氛变得轻松、活泼。

在讨论结束后，教师要引导学生对本节课的重点知识进行总结，形成本节课的知识框架，加深学生对本节课的理解。同时知识结构体系还有利于学生今后的复习。

3. 小结评价的过程

当学生讨论结束后教师要对学生的表现进行评价，这是不可缺少的一个环节。教师的评价原则上以肯定和鼓励学生为主。评价的内容主要包括：首先是小组整体的表现情况，如发言是否积极、观点是否新颖、表达是否流畅等；其次对学生得出的观点进行总结，一般讨论问题都具有开放性，教师总结不一定非要得出统一的结论；再次对学生的观点和思维方式指出优势和不足，给予学生一些历史学习方法指导；最后可以让学生在本组内互评或者小组与小组之间互评。评价环节结束后，教师要给学生布置相应的习题进行联系，巩固学生的学习成果。

第三节　创造性思维与任务驱动有效教学方法

一、创造性思维教学法

历史教学在现代教育的大嬗变中，应重构具有历史学科特点的素质教育模式，强化创造意识的渗透，塑造学生积极健康的创造人格与个性，培养学生科学的思维方式，提高学生创造性思维能力，使学生在富于创造的实践活动中得以成熟和发展。

（一）创造性思维的教学形式

创造性思维是一种新颖而有价值的、非结论的，具有高度机动性和坚持性，且能清楚地勾画和解决问题的思维活动，它表现为打破惯常解决问题的程序，重新组合既定的感觉体验，探索规律，得出新思维成果的思维过程。在创造性思维过程中，学生高度发挥主观能动性，不囿于成规，突破问题的固定反应方式，从史实的现象及本质中，剖析探索，寻找新切口，得出新的思维结论。从创造性思维内容来看，它包括以下四种形式：

第一，扩散思维，即学生沿着不同的方向进行思考，重组眼前的新信息及贮存的知识，得出独特的、多维的新结论的思维。

第二，聚合思维，即学生根据一定的规则，解决问题或利用已知的信息，产生某一逻辑结论，它是一种有方向、有范围、有条理的思维形式。

第三，立体思维，即从不同角度、不同层次、不同方面，运用多种方法进行综合的多维联体思维。如打破教材体例，分类重组的专题系列。以"中国农业史"为例，它属"中国古代经济史。"狭义看，可析出"工具、农作物、水利、耕种技术、经验总结、历朝农业政策"等各线的演变。如此，通过不同层面的纵横延伸，使问题的广度与深度交叉后，成为新的思维体系。

第四，直觉思维，对客观史实或现象的直接领悟和认知。例如，部分学生阅读《三国志》时，对数条史实颇为留心：① "公至赤壁，与备战不利，于是大疫盛行，吏士多死者，乃引半还。"（《魏书·武帝纪》）② "赤壁之败，盖有运数。实由疾疫大兴，以损凌厉之锋。"（《魏书·贾诩传》）③ "曹公军不利于赤壁，兼以疫死。"（《蜀书·刘焉传》）④ "赤壁之役，值有疾病，孤烧船自退。"（《曹操致孙权信》）这些学生认定赤壁之战曹军大败不在火攻而在将士患"疫"。这一结论刚好与近期刊行的研究文章惊人相似。可见，直觉思维的感悟作用是很大的。

事实上，创造性思维是一个多层次、多结构的动态分配系统，是以上四种思维的综合，并构筑成四个发展阶段：准备阶段，在获取多种材料及更多的假设与创造思路方面，扩散思维尤显其长；酝酿阶段，逻辑分析相对较少，更多的是快捷、跳跃、直接的直觉思维，可促使潜意识勃发；明朗阶段，多种思维联合运行，直觉思维重在筛选信息，缩小解决问题的思维范围、距离，及时调整思维方向，聚合思维则在科学检验与系统论证，选优汰劣，立体思维重在营造思维广度与跨度；验证阶段，直觉思维使运作向度朝结果向度转化，立体思维则重在多维构建结果向度的整体化。可见，人的思维是一个整体过程，人在思维时，把问题的各个细节同整个情境的结构联系起来加以考虑，从各方面来探索解决问题的可能性，确定整个情境结构内的"缺口"所在，亦即问题所在。因此，功能不同、各具特点的思维形式构成创造性思维过程不可分割的统一整体，成为相互作用、辩证统一的动态认知系统。

（二）创造性思维的教学特性

创造性思维的发展是一个由"潜"到"显"的内化过程，创造力的大小取决于创造性思维的水平。影响创造性思维的因素是创造性思维的品质。创造性思维的品质特征如下：

第一，创造性思维的流畅性。创造性思维的流畅性是指思考和解决问题的思维速度敏捷顺畅。

第二，创造性思维的变通性。创造性思维的变通性，又称思维的自由度，指改变思维方向和范围的能力。

第三，创造性思维的独创性。创造性思维的独创性是指超越固定认知模式，以逻辑与非逻辑的思维巧妙结合，得出新论。

第四，创造性思维的跨越性。创造性思维的跨越性是指创造性思维的广阔容量及跨度张力。即思维主体避开事物"可见度"的限制，扩展思维前进的空间，迅速完成"虚体"与"实体"间的转化。

第五，创造性思维的深刻性。创造性思维的深刻性指思考问题的深度，即善于抓住事物的本质和规律，探幽发微，把握事物发展的方向与趋势。

第六，创造性思维的广博性。创造性思维的广博性是指多渠道、多层次、多手段推导、想象和创意联想。多条思维路线互相渗透、相互作用、彼此调剂，从而实现最优组合。

第七，创造性思维的预见性。创造性思维的预见性是指通过联想，推测未来的发展，它主要是以事物环链模型（重复出现的现象所形成的规律性）为依据，推测事物发展的"后一环"。

（三） 创造性思维的教学模式

1. 创造性思维教学模式的主要原则

高中历史思维教学理论虽然是近年来人们才开始重点研究的问题，但是，这种研究已经形成一种热潮，涌现出许多优秀的理论文章。结合这些理论研究成果可以总结出以下原则：

（1）培养历史思维能力，需要注意历史学科的特点。历史的发展具有多样性、连续性、规律性及结构性等特点。历史是客观的，当研究者以思维为中介对其加以科学研究时，这些特点便反映在人们研究历史时的认识规律中，形成历史学科的思维方式。只有让学生逐步理解历史学科的特点与思维方式的特点，才能真正使学生掌握并驾驭历史思维能力。

（2）培养历史思维能力需要注重学生现有的知识基础、理论基础与能力基础，学生的现状是教师因材施教、有的放矢的依据，任何教学方法均离不开学生的客观实际。因此，调查了解学生对历史问题的认识程度、认识方法、依据的思想观点，就成为发展学生历史思维能力的前提。

（3）培养历史思维能力需要注重创设有益的学习情境。美国教育家林格指出：在教学中，教育心理学关心三个焦点区域的理解的发展，即学习者、学习过程和学习环境，这三个区域相互重叠和相互关联。创设历史学习的情境是为了让学生置身于一种学习、探究的心理气氛之中，自觉、主动地感受历史，从而激发起学生去理解与探究历史问题的愿望。

2. 创造性思维教学中的讨论模式

教学策略与组织原则在问题讨论模式教学实施的全过程中，必须体现若干以上述理论为基础的教学原则，这就需要教师对教学的计划与过程进行精心策划与组织。

（1）讨论模式的教学目标制定。实施教学的前提，是制定明确而适宜的教学目标。这种目标的制定应当依据历史知识体系、学习技能体系的要求与学生的现状。历史知识体系反映了教学大纲、历史教材中所要达到的教学目标，它构成讨论模式目标体系中的以内容为主的知识系统。学习技能体系包括认知能力、自我审视与发展能力及历史思维能力所要求达到的能力水平，它构成了讨论模式目标体系中的以技能为主的能力系统。

而对学生现状的分析、调查与研究，则体现了目标体系的适应性原则，它是制定目标层次的依据。目标知识系统的水平可根据通用的布鲁姆提出的六个标准来衡量，即识记、理解、应用、分析、综合、评价。与历史知识体系相结合可编订出要达到的双向细目表。

讨论模式一般应在学生现有的基础上，选择具有较高能力水平的知识，作为培养学生历史思维能力的内容，这些内容应该需要综合几种能力，才能达到目标，这样可以从多个方面训练学生的思维能力。而历史学科内容本身的丰富性、多样性，特别适合这一目标的完成。自我审视和发展能力，包括认识、理解和客观评价自我的思维水平与行为习惯，调查自我的情绪状况，有意识地培养、发展自我的心理能力，是一个人思维走向成熟的动力。这种能力应当按照学生的年龄阶段制定相应的目标。但是，尽管处于同一年龄阶段的学生有其共性，然而在自我审视与发展能力上的个体差异相当大。因此，制定目标时要留有余地。同时还必须指出，教师要细心做好学生参与讨论前的心理准备工作以及讨论后的总结工作。要根据因材施教与启发性原则组织好讨论过程，以真正调动每一个学生的积极性，并能在每一次讨论后都有切实的提高，这是培养、发展学生历史思维能力的重要保证。

在讨论模式中要特别强调历史抽象思维能力，并以此来体现讨论模式的思辨性。要按不同学段，制定出相应层次的目标系统，抽象水平应当逐渐提高，能力要求也应逐渐全面。

（2）讨论模式的一般方法，包括四方面：①教学组织方法，如精心设计问题情境、创造自由轻松平等的教学环境、启导思考、置疑诘问等。②指导学生准备、参与讨论的方法，如指导学生怎样明确问题、选择论点；怎样收集资料，提供论据；采用何种方式表达自己的见解；怎样抓住别人言论的中心；等等。③启发引导学生积极思维的方法，如启发学生变换角度考虑问题，引导学生反思前面的讨论是否偏题，启发学生发现别人的长处，引导学生如何评价历史人物或事件等。④引导学生认识自我，了解发展自我的方法。如指导学生填写自测情况表，引导学生用自己的思考方式进行反思，教会学生如何沉静下来、反复思考问题等。

（3）讨论模式的教学组织程序。这里将要提出的组织程序按一课时编排。如果讨论的中心问题是由学生提出的，那么教师进行教学的第一阶段便是：组织学生提出问题和明确问题。如果中心问题由教师事先精心设计，那么模式程序分为以下阶段：

第一，根据中心问题，创设思考的情境，让学生感受到思维不合逻辑、对问题的原因迷惑不解，或者不符合应有的客观历史现状，以激发学生学习的主动性与积极性。

第二，引导学生明确问题实质，收集归纳论点与论据（历史事实）形成观点，同时考虑可能出现的其他观点，分析其正误及思考表达的方法。

第三，组织学生展开讨论，随时记录别人观点中的重点问题，及时提出自己的见解，适时对前一段讨论进行分析反馈，引导学生注意逻辑性与科学性，启发学生从不同角度思考，把问题引向深入，从而揭示出历史发展的规律。

第四，总结评价学生讨论，评价学生在知识与能力层次上所达到的目标是否实现，启发学生自我总结，指出讨论过程中存在的问题，并提出矫正的方法。也可以再提出一个相似的问题，让学生做出回答，以检验学生是否真正完成教学任务，同时引导学生思维能力的迁移。概括其进程如下：创设问题情境—提出问题—明确问题—假设、分析、论证—总结评价（讨论的准备）（讨论过程）（修正、迁移）实施结果与分析讨论。

（四）创造性思维的教学活动

创造活动可以被看成具有双重作用，它增添和开拓出新领域而使世界更为广阔，同时又由于人的内在心灵能体验到这种新领域而丰富发展了人本身。可见，培养创造性思维是提高学生自身素质、完善学生个性发展的重要渠道。近年高考题已有考查学生创造性思维的意向。因此，高中历史教学必须打破传统教育的局限，树立创造的志向，培养创造的才干，开展创造性的活动。实施创造教育，培养创造型人才，可以从以下方面着手：

1. 多角度引导学生提出问题

提出问题是学生思维活动的开始，有利于启迪学生的创造"潜质"。因此，教师要鼓励学生，敢于怀疑，敢于提出不同凡响的见解。教师可以在以下方面引导学生提问：

（1）善抓"提问"的客观性，加强理性点拨。提问的新奇独特，并非都属创造性思维。教师要引导学生立足客观史实，围绕其发展过程（或规律），进行合理、大胆的想象，不能置实际于不顾，提出不符合现实的怪论。这些结论都是脱离了客观史实而主观臆断的结果。因此，教师要适时提示，恰当点拨，既要帮助学生树立新颖而独创的大胆想象的意识，也要帮助学生营建创造性思维的理智而清醒的现实定向，在他们思维的内化中，逐步提高创造能力。

（2）深挖"提问"的创造性，注意技能方法的指导。学生通过积极思考，由已知信息延伸到未知领域，在知识的组合创新中，提高思维的质量。教师要善于授之以渔，教育学生在提问时，兼顾全局，求异标新，把握思维技巧的规律。

2. 营造创造意识积极环境

培养学生的创造能力，需要良好的教育环境，包括有利于充分发挥学生创造能力的物质环境（如文物、挂图、有关资料等）以及促进学生创造智能发展的心理环境（如情绪、心境、兴趣等）。在教学中，教师应该注意做到以下方面：

（1）改变课堂教学程序，激发学生自主参与，培养创造动机。根据教育的开放性原则，应适当改换传统教学模式，开辟宽松的民主教学环境，充分体现学生的主体性，推动学生担任学习主角，加强学生个体间的信息交流。如以讨论、辨析、导演历史小剧等多种形式，诱发学生进入学习的角色中，在激发其自主意识时，刺激他们的创新兴趣。另外，教师还要允许学生对教师讲课提出的见解（观点、结论）质疑，并调动学生参与，如引导若干学生支持或反对教师的某一观点，通过有序的积极辩论，使学生各抒己见，想人之所不想，见人之所不见，能人之所不能，从而优化学生的创造心理环境，激发他们想象的动力、联想的新颖、思路的开阔，有效调动学生的潜意智能，使之成为创造性思维的策源地。

（2）允许学生走入"误区"，在思维摩擦中，自省自悟。学生在进行创造性思维时，难免出现错误。教师要引导学生大胆冒险，敢于犯错。尤其要注意引导学生正视自己的探索之误。教师要善于以"错误案例"引导学生进行创造，对学生的知识性、结论性、判断性的错误，教师不要马上给予否定评价，要以点拨为主，采取激励、暗示、提醒等方式，促使学生继续思维，认清错源，把改进的机会留给学生自己，在矫正误点的同时，促发学生的自悟，启动他们的创造潜能。如果学生的创意思维超过了教师，教师更应虚怀若谷、积极鼓励，协助学生的思维成果日趋成熟。

（3）加强学生的实践锻炼，向他们提供动手操作的机会。思维是动作的内化，动作是思维的外现。教师要有的放矢指导学生参与探索性的实践活动，如实地调查、文物考古、模型制造、古画模仿等，使学生感官与感知并用，劳心与劳力结合，激发思维创新发展。例如，教师在指导学生制作"张衡地动仪"的模型时，只提供了一定的数据、原理、外形，学生从自选材料、模具制造到演示，都显示出他们的创意水平。此外，还让学生制作殷墟龟甲、兽骨模型；临摹《清明上河图》《步辇图》《蒙娜丽莎》等。如此多种形式的实践活动，使学生的多功能思维在实践中得以发挥，促进了学生创造意识的发展。

（4）扩大信息输入的容量，加强思维"能源补给"。教师要针对学生旺盛的求知欲及创造个性，多引进大量的课外知识，加强信息量的补充，使学生在丰富的信息中，活跃思维，诱发创新。如教师可以通过收集报纸、杂志上的相关材料，以及大量其他书刊，组成一个小型历史知识书库，对学生开放。在长期"能源补给"中，学生的创意思维可以得到发展。在教学中，还可以选编大量历史材料，充实教学内容，如讲授世界上最早的日食时，教师可以引用古籍中有关最早记录的材料"十月之交，朔月辛卯。日有食之，亦孔之丑"（《诗经·小雅》），为学生拓宽知识面。

此外，还可以将丰富的原材料按教科书的顺序，以章节为线索，配套设计材料解析题。由于材料解析题是一种综合性较强的题型，知识、方法、思维的含量较高，且在有效信息的取舍中，需要一定强度的思维质量。因此，加大材料的容量，既促进学生实弹实战能力，也刺激学生创造潜意识的觉醒。同时还要注意学科间的彼此渗透，如政治、地理、语文、美术及有关自然学科，加强学科横向系统的联结，推动学生思维的迁移、融合、借鉴，加大信息贮量，使之为创造性思维服务。

3．加强创造教育实践操作

教无定法，但教可择法，教亦可创法。在培养学生创造性思维的教学工作中，教师要勇于扬弃旧的传统教学模式，选用以适应培养学生创造性思维的新教法，并大胆进行教改，以创造教育为主轴，带动创造教学的研究与投入。教师可以从以下方面着手：

（1）打破思维定式，创设悖逆情境。教师要勇于突破教学常规，以史实为依据，对已形成定论的史实，运用悖逆法，设立新情境，启发学生打破思维定式，挖出教学中的隐性问题，交给学生猜测、推导、反证，启迪思维，使之得出富于创新的结论。这是寻找思维新途径和培养学生的初步史学研究才能的重要途径之一。

（2）利用感性材料，交换思维角度，激发学生的发散思维。高中学生心理学认为学生对新材料、新情境具有好奇的心理。因此，在教学中，教师在充实新材料的同时，应抓住学生的新奇刺激下的活跃力，引导学生转到"发散—集中—再发散—再集中"的思维运动轨道上来。开拓未来的学生的教育，必须立足精选过的教材，使之牢固地掌握创造性思维。在教学实践中，教师应注意精选有关材料辅助教学。

（3）归纳类比，分解组合，实行开放引导，激励学生的灵感迸发。在教学中，教师要运用归纳、演绎、类比等多种逻辑分析手段，帮助学生探索和发现新规律，其方法或者是对学习的内容提出问题与假设，并设计探索程序；或者是对一定史事进行互换、拆卸、嫁接、分解、重组。教学中实施开放引导，可激发学生无意识状态下闪现的灵感，有助于学生创造性思维的活跃与深化。

总而言之，教师要充分抓住学生的创造心理需要与心理动力，激发其创造激情，培养其创造意识，塑造其创造精神。这不失为素质教育的实际操作方法之一。同时，值得提出的是，教师也要加强自身创造素质的锻炼，不断发展自己的创造个性，改进教法，使教学洋溢着创造气息，把学生的创造能力挖掘出来，使他们真正成为新世纪的创造型人才。

二、任务驱动教学法

教学法是依据教育思想和教学规律而形成的，在教学过程中遵循的比较稳固的教学程序及其方法的策略体系，包括教学过程中诸要素的组合方式，教学程序及其相应的策略。

任务驱动就是学习过程中，学生在教师的帮助下，以任务为中心，在强烈的问题动机驱动下，通过对资料的主动应用，进行自主探索和协作学习。它首先让学生了解学习情境，产生完成某一学习任务的动机；其次是了解和分析学习任务，提出完成这一任务的可能方法，探讨完成任务的可能方法并制订计划；最后利用预定的方法和手段获取信息。学生在完成任务的过程中不断提出问题、解决问题，建构真正属于自己的知识，并让学生对自己完成任务达到的程度有清楚的认识，教师应对学生完成任务的方法、过程及结果给予客观的评价。

"任务驱动"教学法即在教学中通过任务来驱动学习过程，使学生主动投入学习中并成为学习的主体，以利于学生自主学习习惯的养成。"任务驱动"教学法是一种建立在建构主义教学理论基础上的教学法，使学生能带着任务去学习。在这个过程中，学生还会不断地获得成就感，可以激发他们更大的学习欲望，逐步形成良性循环，从而培养独立探索，勇于开拓进取的学习能力。

（一）任务驱动教学法的相关理论

1. 建构主义理论

建构主义的思想来源于认知加工学说，以及维果茨基、皮亚杰和布鲁纳等人的思想。建构主义认为，世界是客观存在的，但对于世界的理解和赋予意义却是由每个人自己决定的。我们通常是以自己的经验为基础来建构现实，或者是解释现实，每个人的经验世界都是用我们自己的头脑创建的，但由于我们的经验和信念不同，于是我们对外界的理解便也不同。学习也一样，它不是教师把已有知识简单地传递给学生，而是由学生自己建构知识。学生不是简单被动地接受知识，而是主动地建构自己的知识。学生也不是被动的知识吸收者，相反，他们更需要主动地建构信息。这种建构是无法由他人来代替。这意味着学习是一种主动的行为。学生要对外界的知识做主动的选择和加工。建构主义的学习主要有以下三种基本观点：

（1）学习是一种意义建构的过程：人们对事物的理解与其自身的认知结构有关。学习者在学习新的知识时，不是通过教师的传授而获得知识，是通过学生自己对知识单元的经验解释变成自己的内部表述。知识的获得是学生与外部环境交互作用的结果。

（2）学习是协商活动的过程：学习的发展是依靠人的原有知识结构的。由于每一个学习者都有自己的认知结构，对现实世界有自己的看法，因此，不同的人对事物的理解是不一样的，学生在学习中获取的知识可能与真实世界有所偏差。因此，只能通过协商和磨合才能趋于一致。

（3）学习是一种真实情境的体验：学习的目的不仅是让学生记住某些知识，更重要的是让学生会运用所学的知识去分析问题和解决问题。

建构主义理论与传统的教学理论有明显的不同，建构主义认为要使学生在学习过程中学会分析问题和解决问题时从真实的学习任务出发，能培养学生的发散性思维和创新型思维。

从历史学科的特点来看，历史课堂教学模式应重在培养学生分析问题和解决问题的能力，养成学生正确的史学观念，并学会以史为鉴分析现实问题，而不是仅限于知识表面的讲解和理解上。建构主义就是当前指导历史课堂教学的最佳教学理论。

2. 多元智力理论

多元智力（MI）理论是由美国教育研究院的心理发展学家霍华德·加德纳提出的。加德纳从研究脑部创伤的病人发觉到他们在学习能力上的差异，从而提出本理论。传统上，学校一直只强调学生在逻辑—数学和语文两方面的发展。但这并不是人类智能的全部，不同的人会有不同的智能组合。

"智能"一词的定义是：人类在解决难题与创造产品过程中所表现出来的，又为一种或数种文化环境所珍视的那种能力。加德纳于 20 世纪 80 年代初提出的多元智能理论现已成为世界发达国家教育改革的主流，即我们不能仍停留在传统的单一学科的学习，而应该进行整合型的学习。

加德纳的 MI 理论由七种智能组成，这七种智能具体是：语言智能、逻辑—数学智能、音乐智能、空间智能、身体—运动智能、个人内在智能和人际智能。其目的在于提供一种有别于智商（IQ）或比情商（EQ）更广泛、更完备的智能观念，以便使人们在教育目标上呈现出更广阔的视野，为教育实践开启多元智能的新世纪，从而更加体现学校教育的宗旨：发展学生各种智能，并帮助他们选择适合其智能特色的职业和兴趣目标，使每个学生对自己有信心，饱满地投入终身学习，以负责、建设性的方式为社会服务。MI 理论的产生基于这样一个事实：我们的世界充满问题，如果还有可能解决，就必须运用我们所拥有的智能。认识智能的多元性和人类展现智能的多元方式，就是我们需要迈出的最重要的第一步，也是学校教育重心转移的关键。

每个人都有潜在智能，而且是多元的，这种多元智能可以在后天的环境中得到开发。智能的核心是"思维能力"，进一步说是创新思维能力。而智能是有最佳发展期的。同一智能对于不同人，有不同的最佳发展期；不同智能对于同一个人有不同的最佳发展期；同一个人在不同的发展期，同一智能表现不同；同一智能在不同人的同一时期表现不同。成功的过程是潜在智能显现或已经显现的智能不断强化的过程，一个人的成功与否，不能仅仅局限于对他学业的评价，而应该有多种智能方面的评价。

多元智力理论给我们的学校教育及教师的课堂教学提出了新的要求：首先，要转变我们的教学观。我国传统的教学基本上以"教师讲，学生听"为主，之后是枯燥无边的"题海战术"，忽视了不同学科在认知活动和方式上的差异。多元智能理论认为，每个人都会不同程度地拥有八种智能，而且每种智能都有其特点。因此，教学方法和教学手段就应根据教学对象和教学内容灵活多样。其次，教师应形成正确的评价观。多元智能理论对传统的标准化智力测验和学生成绩考查提出了严厉的批判。传统的智力测验过分强调数理逻辑和语言方面的能力，只采用传统的考试方式，过分强调死记硬背，缺乏对学生理解能力、分析能力和创新能力的考查。这种评价是片面的、不科学的。多元智能理论认为，人的智力是由多种智能组成的，因此，对学生的评价指标、评价方式应该发生改变。新的评价体系应注重对学生多方面能力的培养。最后，要转变我们的学生观。多元智能理论认为，人的智力在不同时期有不同的发展特点，每个人在同一时期又有不同的智力发展特征。因此，教师要通过多方面去发现学生的特长，并相应地采取适合其特点的教学方法。因材施教，使每个学生的特长都得以有效发挥。

（二）任务驱动教学法的运用特点

高中历史课是一门理论性很强、对学生思维能力要求比较高的学科，在高中历史课中运用任务驱动教学法，可让学生在一个个特定的"任务"驱动下进行学习，引导学生由易到难、循序渐进地完成一系列"任务"，从而得到清晰的思路和知识脉络。完成任务的过程实际就是培养学生分析问题、解决问题的能力。既符合学科的认知特点，又符合学生的学习特点。在学习过程中，学生会不断地获得成就感，激发他们学习的欲望，并逐步形成一个感知心智活动的良性循环，从而培养出独立探索、分析及解决问题的能力。

（三）任务驱动教学法的主要结构

任务驱动教学法是用任务来驱动教学的，任务是中心点，学生围绕任务学习，教师围绕任务引导课堂教学。任务驱动教学法以"呈现任务—明确任务—完成任务—评价任务"为主要结构，教学过程可大致分为以下四个阶段：

1. 呈现任务：结合学生特点，精心设计任务

任务驱动教学要有明确的目标，要求教师把学习的总体目标细分成一个个小目标，并把每一个学习模块的内容细化为一个个容易掌握的学习任务，通过完成细小的具体的学习任务来实现总体的学习目标。

在教学过程中，把教材中的每一课设计成一项大任务，再将大任务分成若干个小任务，每一节都由几项小任务构成。例如，学习"中日甲午战争"一课时，这部分内容所隐含的知识点有：①甲午中日战争的背景；②甲午战争的过程；③甲午战争的结果；④甲午战争的影响。把这四个知识点隐含在四项小任务中，每一次完成一项小任务，然后再把每一部分的任务综合成一个完整的教学内容。每一项任务的确立都根据学生现有知识状况、教学内容的统筹安排而定。

2. 明确任务：使每个学生明确自己的学习任务

（1）引导学生分析任务并提出问题。在创设的情境中提出问题。采用任务驱动教学法的时候要给学生创造良好的情境。因为学生的思维活动是建立在浓厚的兴趣上的。所以，要想让学生自主学习，先要激发学生的学习兴趣，吸引他们进入学习的状态。而且，学习总是与一定的情境相联系的，因此，在课堂教学的导入时，创设一个与当前学习主题相关的具有吸引力的情境，使学生对本节课内容产生兴趣是非常重要的。

在课程导入设计情境时，应该让任务驱动教学具有明确的目标，让学习在一种与教学一致的情境中发生。然后提出与当前学习内容紧密相关的任务，让学生面临一个需要立即去思考和学习的问题，学生在完成一个他们感兴趣的任务时，就会比较专心。在这一阶段，教师主要是创设情境，提出具体任务，对这一任务的完成做方法上的指导并给予评价。课堂教学中如果用布置任务来导入教学，可以用一个和课堂内容有关并且学生感兴趣的问题，引起学生自己思考解决问题的欲望。教师给出启示性的提问，使学生了解从哪里入手可以进行突破。

在任务驱动教学中，"任务"的提出是最重要的，它将决定在学习过程中学生是主动学习还是被动学习。任务本身就是一种情境。任务设计的好坏将直接关系到学生能否深入教学活动中来，关系着课堂上学生学习的效果好坏。任务的设计，使教学更加轻松，学生学习更加主动，学生的能力和情感都可以得到充分发展。每一个任务中都包含着新知识和旧知识，学生在接受任务时要思考怎样去解决任务，在解决任务的过程中会遇到不能解决的问题。学生自己提出问题，此时教师加以引导，引出对新知识的学习，这样可以激发学生的求知欲望。

（2）根据提出的问题，及时讲授新知识。问题提出后，就开始解决问题。每一部分都根据具体内容和学习目标的要求提出适当的问题，由学生自己解决。如"工业革命"这一课，让学生概述工业革命所取得的成就。这个任务比较简单，学生很容易解决，学生在完成后会比较有成就感。紧接着提出问题：工业革命的影响有哪些。这个任务相应地比较有难度，可以深入培养学生的思维能力。学生总结后会有一定的问题，教师再加以引导时，学生会听得比较认真，而且理解起来会更加容易。

3. 完成任务：培养合作、交流和创新的能力

学生的认知水平、学习方法和思维方式在完成任务的过程中都是比较重要的。学生是否具有完整的知识结构、科学正确的学习方法、缜密的思维和娴熟的解题技巧，直接关系到任务完成的速度和质量。因此，在教学中把学生分成若干个小组共同完成某项任务，通过学生之间的合作交流来完成任务，这样既可以很好地补充学生知识结构的缺陷，完善他们解决问题的技巧和方法，又可以高质量解决问题。

4. 评价任务：对学生给予鼓励和引导

在教学过程中，教学评价过程是一个非常重要的环节，也是最能调动学生积极性的一个环节。教学评价是学习者学习情况反馈的一种有效途径，也是学习者了解自己的学习情况，进一步完善知识结构，改进学习方法和激发学习动力的一种重要方法。当学生把任务完成后，首先，让学生进行自我评价和小组成员之间以及小组之间的相互评价，找出不足并进行修改完善。然后，教师可以就学生完成的总体成果进行评价。通过对学生学习成果的评价，学生更加明确完成任务的有效途径。学生通过再次分析任务，利用有效的学习环境，可以形成自己的学习方法和思维方法，并构建自己的知识体系。同时，教师必须引导学生之间的互评，并适当对其具体成果进行指导，进一步完善学生的认知结构，培养学生各方面能力。

第四节 新课改下的高中历史课堂有效教学方法

新课程改革背景下，高中历史课堂教学过程中，教师教学要求不断提高，因此，"教师应意识到以不变应万变的传统教学方式需要进行变革，教师只有重视课堂教学，丰富课堂教学方式，在教学实践中重视教学资源、学生资源和其他有效资源的充分整合，才能不

断提升教师专业素养，激发学生历史学习热情"①。

第一，小组合作，增加课堂活力。师生互动是教师在课堂教学中的重要教学方式之一，以往教师在进行课堂授课时，往往会根据时间宽松程度，通过向学生提问的方式调动学生的积极性，活跃学生的课堂思维。此外，教师还可以通过生生互动，即通过合作交流法增加课堂活力，教师可以将学生分为不同的小组，通过合作讨论让学生更自由地表达自己对历史的观点和看法。

第二，多媒体运用，丰富教学层次。科技发展日新月异，课堂教学中引进了更多现代化的教学媒介。教师在课堂教学中，除利用黑板、粉笔等传统的教学材料外，还可以充分利用多媒体设备技术，通过文字、声音、图像、动画、视频等媒体资源载体刺激和调动学生多重感官，将历史教学化繁为简、化单调为丰富、化枯燥为有趣，实现教师的课堂教学容量、教学直观性、教学手段的灵活性大幅度提升。

第三，知识串联，培养学生历史逻辑。知识经过串联，意味着知识不再是单一、独立的个体，还是一张看不见的知识之网，彼此串联、互为影响。学生只要将这张网下的时间、地点、人物、事件一网打尽后，等同于掌握了一段完整的历史变迁过程，这就是历史与其他课程最大的差别。因此在历史线索引导下，列出大事年表，随后将一个个重要的历史人物、历史事件贯穿其中，这样的教学方式可以让学生对历史的整体感有更深刻的理解，学生可以了解该段历史发展的整个兴衰过程。此外，教师还可以把一定时期的社会矛盾作为历史主线，分清前后两个历史发展阶段的主要矛盾和次要矛盾，围绕矛盾产生、发展、激化和消失让学生掌握这段历史。可见，一个合格的历史教师，其教学思路必然是清晰、有条不紊的，教师将历史知识以学生认知水平和思维方式以内的方式展示给学生并组织教学，学生在学习历史时自然要轻松得多。

第四，以人为本，改进教学方式。传统高中历史教学，都是学生拿着历史书听教师授课，教师根据教学内容进行提问，学生根据教师的问题进行回答，这种教学方法极大地影响了学生自主判断能力和分析能力。教师应与时俱进，根据国家提出的以人为本的教育理念，对教学方法进行如下改进：首先，教师要与学生平等沟通教学，在教学过程中充分调动学生的积极性、参与性，如利用小组等讨论教学手段，让学生在辩论中对历史知识有更多的了解，而非通过伺机应变达到教学效果。其次，教师作为课堂的引导者，可适当通过形象、生动、丰富、幽默的语言讲述历史故事，或通过朗诵、顺口溜、说书等特色教学方

---

①　梁平. 新课改理念下高中历史课堂的有效教学方法 [J]. 新课程（中学），2017（10）：230.

式再现历史情景，将枯燥的历史内容尽量在学生面前说"活"，增强课堂趣味性、享受性、丰富性，增强学生新鲜感。

新课改理念下，教师要善于运用有效、有趣的教学方法，课堂教学以帮助学生理解为主，培养学生历史性思维能力，并善于利用教育资源，不断创新教学方法，丰富课堂教学方式，激发学生历史学习的激情，提高学生历史学习的效率。

第四章 | 高中历史有效教学的设计策略

第一节 高中历史课程教学设计的核心要素

一、高中历史课程教学立意的设计

（一）审视历史教学立意的标准

第一，教学立意要聚焦。一堂课要有一个中心，教学立意是其通俗表达。作为"中心"，确定教学立意时要聚焦，不要松散。

第二，教学立意要具体。确定教学立意时虽然要聚焦，但也不是向抽象方面"走"。所谓"本课教材在本单元中处于什么位置""本课是关于什么内容"等，是抽象的形式之谈；所谓"本课内容有什么影响""本课内容对培养学生起什么作用"，则是抽象的内容之谈。如此分析，实质上并没有触及教材的核心内容，也是造成说课过程中教学目标错位、教学逻辑断裂的重要因素。教学立意要聚焦，同时更要做到具体。

第三，教学立意要贯通。教学立意要上接下连，前后贯通。这里的贯通，既有史实联系的贯通，也有教学逻辑的贯通。史实联系的贯通，是针对本课史实与前、后课史实联系的贯通。

（二）确立历史教学立意的策略

1. 从课程标准中积极挖掘教学立意

课程标准是国家设置学校课程基本的纲领性文件，是国家对基础教育课程的基本规范和质量要求，它是教材编写、教学、评价和考试的依据，是国家管理和评价课程的基础。从某种程度上来看，课程标准是对一定层级学校的教学科目及其内容范围和教学组织程序的规范界定，体现了对某方面或某领域基本素质要求的规定，具体又体现于课程标准中所确定的课程目标和课程内容。课程目标的指向功能主要体现在它规定了各科教材、教学中所要实现的课程目标和各科教材、教学中所要学习的课程内容，规定了评价哪些基本素质以及评价的基本标准。就其内在本质而言，它是教材、教学和评价的灵魂，也是整个基础教育课程的核心。

历史课程标准不仅对历史课程内容进行了规划，而且规定了历史学习的要求和价值取向。历史课程标准中的内容标准部分，主要是针对特定历史学科内容而制定的具体目标要求，具体包括板块（模块）目标以及各学习要点的内容目标，它是所有学生学习此部分内容后所必须达到的目标，也是教师选择学科知识、确定教学主题的指向标。

2. 从单元的课节主题中贯通教学立意

单元是课程螺旋式上升的基本单位，也是课程设计的基本单位。体现于教材中，几课组成一个单元，作为一个教学主题，它不仅重视对单课的内部组织，也重视各课之间的内容联系。落实于课堂中，单元是实现课堂教学目标的相对完整的过程，是教学过程的基本单位。把一个单元看作一个教学整体，在这个单元教学整体观的指导下，它可通过对比寻找单元内各课的共同点与不同点，据此提炼教学主线。单元是衡量教师教学和教材驾驭能力的基本单位。

单元的特性及其由几个课节主题组成的结构状况，启示教师可以从单元的各个课节主题中贯通教学立意。换言之，可以根据课程标准对单元主题（内容模块）核心观点的目标要求，把单元主题的整体要求贯通、分解于该单元的每一课中，从而确定此课的教学立意。此种策略需要尤其关注课程标准中单元主题的核心观点及教科书的单元导言。另外，还可以基于单元主题，归纳单元内各课节内容蕴含的历史逻辑，从历史逻辑的贯通中定位，把握此课的教学立意。

3. 从历史教材中提炼教学立意

教材是课堂教学的最重要教学资源和工具。教材以一定的内容和形式具体体现了课程标准的内容和要求。优质教材可以使学生已有的生活经验和认知结构与学校的科学知识、概念与价值观念建立有意义的联系，在学生的感性世界和科学的理性世界之间架起最短的桥梁。

历史教材根据历史课程标准编写，但同时它又呈现了编者所理解和认同的历史。从大的层面来看，它体现了国家意志；从小的层面来看，它是编者对历史的阐释。教材有着自己的内在精神和主题。从策略上来看，教师可以将教材所呈现的观点、价值，甚至将教材的观点性标题直接提炼为教学立意。具体又可分为以下方面：

（1）直接摘取或凝练教材的标题，以此作为教学立意。教材的标题，就大小而言，可具体分为单元、课节或一目的标题，但它们通常又是统摄、阐释教学内容的核心观点或主张。

（2）提炼教材内容的核心观点。教材内容所反映的史实虽然是唯一的，但历史书写是多元的。教材内容会有意无意地向我们提供一些多样化的观念和视角，这些观念和视角可能并不清晰，可能隐藏在字里行间，也可能存在于教材的非正文内容中，还可能隐含在相关章节的关联与迁移中，因此，需要教师对教材内容进行深度思考，对相关联的章节内容进行取舍、整合，提取共性思想。或者利用教材引用的史实进行拓展与综合，深化对历史的感悟。

4. 从历史学术成果引申教学立意

历史课堂需要学术奠基。从某种程度上来看，无论是课程标准内容，还是教材观点，进入历史课堂时都需要教师做专业、学术的学理性审视。教师要及时研读史学成果，针对历史课堂的特定教学内容，定位其在专业历史发展中的阶段与特征，分析本课教学内容在长时间段历史进程中的特点、地位与作用，并结合本课目标、学生特点等要素，概括、引申出能够统摄本课教学内涵和价值的教学立意。

5. 从史学特质中拓展教学立意

所谓史学特质，就是诸如历史意识、史学方法等史学所独具的学科品质。基于史学特质拓展教学立意，主要指凭借"如何探究过去""如何认识历史"的视角、方法去把握与拓展教学立意。

另外，可以从课程标准、单元主题、教材内容、史学成果以及史学特质等教师容易操作、便于实践的角度，探讨确立教学立意的策略。当然，从学生方面看，教学立意的确立，最终更应适合学生的认知能力，便于学生在教学立意引导下积极参与课堂，并能对学生的认知发展、心灵成长产生积极与持久的影响。

二、高中历史课程教学目标的设计

（一）高中历史课堂教学目标设计的流程

第一，研究在教学目标体系中，课堂教学目标要完成的具体任务。课堂教学目标是整个教学目标体系的基本组成部分，与不同层级的教学目标有着纵向或横向的关联与对应。

如果在研究整个教学目标体系的基础上来审视课堂教学目标，从宏观上把握历史学科在学校课程体系中的价值与定位，可以较为准确地确定课堂教学目标要完成的具体任务，尤其是从学科立德树人的高度定格课程教学目标的主旨与方向。

第二，研究历史课程标准。历史课程标准体现国家对不同阶段学生在知识与技能、过程与方法、情感态度与价值观等方面的基本要求，体现国家对不同阶段学生历史学科核心素养的要求。历史课程标准不仅规定了历史课程的性质、目标与内容框架，还提出了相应的教学建议和评价建议。研究历史课程标准，了解国家或社会对培养学生的学科素养方面的具体规定，以确定历史课堂教学目标的关键组成等。

第三，了解学生的实际发展水平和发展需要。学生的实际发展水平、素养结构、能力与知识构成是有阶段性层次的，了解学生现有的发展水平，才能知道学生的"最近发展区"在哪里，才能确定学生可以达到的历史课堂教学目标。

第四，研读历史教材内容。历史教材是历史课程内容的具体化。不同版本的历史教材对课程标准所蕴含的学科核心素养要求、课程目标有不同维度的体现与内容侧重。历史课堂教学目标设计要考虑具体的教学内容，否则课堂教学目标便没有了实际的支撑点。

第五，研究历史课堂教学立意。好的历史课要聚焦一节课的教学立意。在通读历史课程标准、教材以及此课所涉及的史学内容基础上，与本节课对应的课程目标、学科核心素养要求相调适，在整节课的层面上研究此课的教学立意，便于使课堂教学目标更加凝练与精要。

当然，在上述设计流程中，应该主要基于历史课程标准并结合教材内容，来设计历史课堂教学目标。好的历史课要有教学立意，但如果一般教学设计中确定不出好的教学立意，或对此课没有明确的定位与把握，设计者应该主要考虑历史课程标准与教材。我国的课程标准包括前言、课程目标、内容标准、实施建议等部分，其中，内容标准就是学习者某一个阶段的学习目标，它表明了学习者在某一阶段的学习后所要达到的预期学习效果。从内容标准到教学目标，中间存在一段比较大的距离。从历史课程标准中的内容标准到具体的历史课堂教学目标，需要经过多重转化，即内容标准—学年/学期目标—单元目标—课题目标—课堂教学目标。由此，教师必须在深刻理解历史课程标准的基础上对内容标准进行解构（细化与分解），然后在具体的教学情境中，结合教材的内容和学生实际，对内容标准进行重构，形成单元/课题/课堂目标。因此，从内容标准到教学目标的转化需要一个有效的技术框架来支撑。基于课程标准设定教学目标的五个步骤：一是确定与教学相符合的某一具体课程内容标准；二是分析内容标准的句型结构和关键词；三是剖析或扩展关键词；四是构建剖析关系图；五是根据目标叙写规范，写出清晰的学习目标。

从微观操作上来看，历史课堂教学目标的设计一般要经过以下步骤：一是目标分解。要设计历史课堂教学目标，就必须依据历史课程标准中的课程目标，通过模块（单元）目标或主题目标，层层分解，才能确定切实可行的课堂教学目标。二是任务分析。可以根据历史课堂教学目标，进行任务分析。在此，主要是指为了符合历史课堂教学目标的具体规定，对所需要学习的知识与能力、态度与情感或需要培养的学科核心素养等进行具体的解析、落实。三是目标表述。根据上述结果进行目标表述。课堂教学目标是针对学生的学习结果的具体表述。要设计出合适的历史课堂教学目标，必须对历史课堂教学的具体情境、学生的行为状态做出具体、明确的表述，再将这些表述进行分类，尽量使课堂教学目标的制定更为合理。

（二）高中历史课堂教学目标的表述

陈述特定的教学目标，需要从一般意义上把握教学目标的内涵与要点，具体如下：

第一，教学目标是教学任务的具体化指标，是师生双方在教学活动中预期达到的结果标准，因而不只是教师所要做的事情。

第二，教学目标作为指标体系具有可操作性，给师生双方的心理行为变化提供指南性、程序性和相关联因素的系统整体性，因而不只是教学内容的纲要性陈述。

第三，教学目标应符合目标分类学研究，体现学生的全面发展要求，从知识性、发展性、教育性三方面进行陈述，并且要能体现这三类目标的相互联系。

第四，教学目标作为实现教育目的的中介，不应囿于特定的教学内容或教学空间，应引导学生将所达成的心理行为迁移运用到社会生活中去解决问题，即教学目标具有辐射生活的功能，具有实现教育目的的功能，这种中介性特征就决定了教学目标隐蔽着迁移要求，因而教学目标不能搞封闭式的终结性陈述。

第五，教学目标作为教学活动所要达到的教学预期标准，它为教学评价提供了具体明确的依据。因此，"教学目标的评价性功能决定了我们对教学目标的陈述不宜过于抽象化、概括化，否则师生检测评价教学结果时就会遇到困难"[①]。

从历史课堂教学实践看，历史课堂教学目标表述的方式主要有两种：一种是行为目标的表述方式。行为目标的表述方式主要确定学生的学习结果，所采用的行为动词要求明确

---

① 史桂荣. 高中历史教学设计与效果优化［M］. 长春：吉林出版集团股份有限公司，2020：64.

清晰，可以在实际操作中测量和评价，这种表述方式主要用于知识与能力领域。另一种是表意目标的表述方式。在表意的理念中，教师希望提供一个情景，学生由此获得其个人的意义。而学生在此情景中生产的成品，不论是理论的或品质的，都会因人而异。结果，这种情景中的评价工作不可应用共同的标准于各种成品之上，而应该促进个人反省那些成品，显示产品的特性和重要性。此外，在历史课堂教学中，表意目标主要描述学生的心理感受和体验，所采用的行为动词也往往是体验性的和过程性的。

三、高中历史课程教学流程的设计

(一) "传递—接受" 类型教学流程

"传递—接受" 类型的基础为苏联教育学家凯洛夫的教学思想，此后我国教育学者又结合我国传统教育思想和教学实践经验后最终得以确立。从基础理论的角度来看，"传递—接受" 类型教学流程与环节是辩证唯物主义的认识论和有关的心理学、教育学基础理论，主要是行为主义心理学理论。此外，历史知识本应包含具体的历史知识以及规律性的历史知识（历史概念、历史线索和历史规律等）。对于那些具体历史知识而言，它们是客观存在的，规律性的历史知识则不然，它是在具体历史知识的基础上通过唯物史观的指导得出的结论，当然这种结论也是科学的。此外，历史教学也就成为师生对历史知识教与学的信息传递过程，此教学活动的程序有以下五方面：

第一，组织教学。组织教学的工作在正式课程讲授的前面，在这个阶段，教师要求学生做好有关学习的各项准备，如必要的学习用具以及适当的心态等。

第二，检查复习。问答环节是主要的检查复习的形式，这一环节除了用作检查以往学习过的知识的扎实程度外，还是一种对新旧知识进行关联的导入课程方法。

第三，讲授新教材。讲授新教学内容是历史教学活动中的主体部分，教材是教师开展讲授活动的媒介，同时教材也是学生学习历史知识的重要来源之一。

第四，巩固新教材。对新教材进行巩固教学主要是教师对新学习内容的总结与回顾，这一环节也可以用提问的方式进行。

第五，布置作业。教师给学生布置作业，是对学生学习新知识的一种巩固和夯实，这也是为学习接下来的知识打好基础的方式。

(二) "自学—指导" 类型教学流程

在 "自学—指导" 类型教学过程中，学生是绝对的主体，他们以自学作为主要学习方式，并在教师的指导下交流、讨论，最终获得理想的学习效果。"自学—指导"类型教学过程是以当代教育的"以学为主，教育教学要注重培养、发挥学生的主体地位，使学生学会学习"等理论为指导，实现师生互动的教学。将此类型应用到历史课堂中，一般会有以下程序阶段：

第一，教师给出学习课题与提示，给学生自学提供必要的指导。

第二，学生自学教材。学生通过阅读相关历史教材或材料，解决教师提出的历史问题。在教学过程中，教师可以对学生进行个别指导。

第三，学生讨论。学生在自学中遇到的历史问题或困惑可以通过交流的方式解决。教师此时可以参与讨论，并给出一定的引导信息，但要注意不要过分主导讨论，并记录下这些问题，待日后再在大课堂上对普遍存在的问题进行精讲。

第四，教师结合教学目标，对课程进行评价和总结，并将课后作业布置给学生。

（三）教学常规环节类型教学流程

教学常规环节类型教学流程以常规性教学环节来组织教学进程。不过，如果只是从相对浅的层面上的教学环节中是无法看出这种类型流程的教学指导思想的。教学常规环节类型的教学活动程序阶段包括：①导入新课。用多种导入形式将新课内容顺利导入。②学习新课。新课内容是教学活动的主体。③巩固新课。教师通过总结、提炼、提问等方式，巩固学生学习的内容。④课堂小结。总结课堂教学内容。

（四）教学逻辑类型教学流程

教学逻辑类型教学流程的开展依据为教学内容的逻辑。教学逻辑类型的教学流程以教学内容的逻辑转换、衔接为依托，这一过程中还要考虑到教学内容的处理方式，如此可以较为深入地体现设计者基于教学立意之下对教学内容内在逻辑的理解与把握。该类型教学活动程序除了课堂导入和小结环节外，还呈现出教学逻辑。具体而言，这种类型的教学流程的步骤有以下形式：

第一，导入环节：依据教学主题、学生兴趣进行导课。环节一：教学内容包括对教学内容主题的介绍与引入。环节二：教学内容包括对教学内容内在逻辑的理解与处理。

第二，小结：对本课教学主题做总结、提炼或升华。需要注意的是，对这种类型的教学流程与环节予以重视，实际上是体现了教师把握教学内容准确的能力。因此，那些优秀教师在一些历史优质课竞赛中普遍会采取这种形式。

四、高中历史教学环节的设计

（一）导课环节的设计

1. 导课的设计要求

（1）有明确的目的和较强的针对性。导课一方面要针对教学内容而设计，使之建立在充分考虑与所要学习的教材内容的有机联系的基础上；另一方面要针对学生的心理年龄特征、原始知识储备和生活阅历来设计。

（2）简洁明了。导课并非教学的主要内容，其只是作为引出主要内容的步骤，这就决定了导课环节所占用的时间不宜过长。一个好的导课并不是由时间决定，反之，啰唆冗长、不得要领的导课，不仅不能很好地起到引出主要教学内容的作用，还可能让学生感受不到导课和主要教学内容之间的联系，实际效果不佳。正确的方式应该为用最精练的语言实现事先要达到的目标。

（3）新颖有趣。导课环节如果能新颖有趣，很好地吸引学生的兴趣，就能最大化刺激他们的感知和求知欲，以使学生更加期待后面的内容。

2. 导课的设计形式与方法

（1）问题导课。问题导课的关键就在于制造一个悬念，这会激发出学生的好奇心和求知欲。这其中，问题就是要创造悬念和疑问，这是学生思维的"启发剂"，起到有力地调动学生思维的积极性和主动性的作用。经验丰富的历史教师非常关注问题导课中的问题设置，注意其中是否包含足够的启发元素。

（2）故事导课。使用一些富有寓意的、幽默的、精彩的故事作为主要导课内容的方式，就是故事导课。在历史教学中，这也是一种经常使用到的导课方式。具体方法为，教师讲述一个与即将展开的教学内容有关的故事，让学生通过这个故事联系到教学内容，以此激发他们对新知识的兴趣。不过需要注意的是，这个故事要适当精简一些，不宜过长，故事本身还要能说明问题，这一过程中教师还要对故事做引导分析，以免学生将过多注意力放在故事本身之上。

（3）温故导课。通过对已学习的历史知识进行复习的方式来导入新课。这种导课的优势在于能够巩固过去的知识，并且能引导学生将新旧知识之间建立起一个联系，这对培养学生良好的历史学习线索有较大帮助。在温故的基础上接受新知，是个循序渐进的认识过程，便于理解和学习。

（4）释题导课。标题是文章（知识）的窗户，更是内容最为精华的部分。例如，教学内容标题中的"统一的多民族国家——秦"中，就概括了秦这个国家的性质为"统一"和"多民族"，由此还能引申出"中央集权"与"封建"等诸多特点。教师在导入时就要抓住标题中的这几个要点进行详细解释，这会让学生在一开始就建立起一个相对直观的概念。

（5）"诗歌、识图"导课。将学生已学过的文学佳作作为导课用语，一方面可以活跃课堂气氛，另一方面又起到了导课的作用。特别是一些图片的使用，既能增强直观效果，又有利于理解学习。

（6）激情导课。在历史教学中，很多内容都饱含真挚情感，为此教师在导课时就可以"披文入情"，用有激励性的语言引导学生情感，达到以情育人的目的。

（二）结课环节的设计

1. 结课的设计要求

（1）首尾呼应、相对完整。这是要求在教学结束时的讲解要与课程开始之前的点题相呼应，而不能与之前相差太过离谱。

（2）留有余味，引发学生思考。这是要求教师在课程结束时的讲授要给学生留出一个思考的空间，让他们感觉意犹未尽，有想进一步探究的想法，而不要使用太过封闭思维的语言。

（3）干净利索，适可而止。这是要求教师要相对准确地把握课程结束的时间。结课部分不要太过冗长，但也不能太过马虎和随意。

2. 结课的设计形式与方法

（1）自然式结课。以下课铃作为依据的结课方式。

（2）总结式结课。以简练准确的语言总结概括整个教学课的主要内容的方式，给学生以系统、完整的印象，加深他们对所学知识的理解和记忆。总结归纳时可以用简明扼要的语言对教学内容进行复述，此时应重点强调主要知识和概念。

（3）拓展式结课。把已学知识向多方面拓展和延伸，借以发散学生的思维，编织紧密的历史知识网络，以及培养他们更加完善的历史观。

（4）对比式结课。联系已学知识和相关知识，对两者进行比较，找出异同点，如此让学生更能对知识有深刻理解。

（5）练习评估式结课。这种结课方式主要是通过提问或练习的方法完成的，以此巩固学生对新内容的学习成果。

（6）承前启后式结课。在结课阶段重新引出导课时的悬念或疑问。如果可以，最好还应选择与下节课相关的知识进行启后的铺垫。

第二节　高中历史教学学情分析与教学设计

一、高中历史教学学情分析

学情分析，简单而言，就是对影响学生学习的相关情况进行分析。具体来看，有很多因素都会影响到学生学习的效果，这些因素有学生的智力因素、非智力因素、教学环境、教学氛围、教师水平、师生关系等。这些因素有显性的，也有隐性的。对学习效果构成影响的也许是一种因素，也许是多种因素。鉴于这是一项技术性和经验性都很强的工作环节，因此，能否做出准确的学情分析是展现教师教学能力的标志。

现代教学过程的本质为学生在教师指导下，根据教学目的与学生的身心发展特点，通过系统的、有计划的教学双边活动，以此使学生在知识、认知和情感方面发生变化，并且形成和发展个性的过程。学习活动的物质基础是人的良好的神经系统，它提供给人感受、记忆、联想、想象、推理等完整的思维功能，这也会促进人的意识间的相互影响并传播。人的好奇心、求知欲等驱动着人想更深入地探索周边的事物，再加上出色的模仿能力，使人通过接受教育来改变心理或行为成为可能。

教学得以实现的先决条件是学生的生理基础、学习动机和认知能力等，其目的是使学生获得全面积极的发展。学生作为教学的主体之一，决定了教学中的所有环节都要以他们为中心，为此，分析学生就是教学活动必不可少的环节，也是最为重要的环节，这些特点都使得学情分析并不是那么简单的事情，而是需要经过专门训练才能慢慢培养出来的教师职业能力。

（一）高中历史教学中学情分析的意义

在日常教学中经常可以看到一些教师非常看重和学生进行交流，并且经常性检查他们的预习作业，还时常记录教学日记以及认真撰写教学反思。有些教师甚至还乐于参加到学生的活动中去，这样的教师无疑更能了解学生的心理和他们的思维，他们致力于对学生情感的感同身受，乐于换位思考，这会让自己的教学更有亲和力和符合学生的思维，而这样的教学自然是更有效率的。

对于教学设计而言，学情分析是其中非常关键的环节，它是制定教学目标的依据之一。不仅如此，它还是对教学内容、教学方法和教学媒体等设计的前提，同时也是教学评价和教学反思的归依。

1. 学情分析——教学目标制定的依据

制定教学目标是教学中的重要步骤之一。对教学目标的制定要在符合国家需要、时代精神、教育目标与课程内容的基础上，同时要兼顾学生的实际情况。例如，部分教师设计的教学目标为"能在地图上标出元谋人、北京人发现的地点，并了解他们生活的年代"，这一教学目标设计显然非常注重学生对基础知识的掌握，但对高中阶段的学生而言，这一目标就显得较为简单。另外，还有部分教师设计的教学目标是利用图书馆、博物馆、互联网收集我国各地远古人类的考古资料，感受中国是人类的发源地之一。总体而言，这是给学生的一种开放式学习方法，其优势在于充分发挥学生学习的主体作用，有利于发散他们的思维，学会自我发现问题、探寻问题和解决问题，对学生综合能力的发展是极好的。另外，从实际来看，这种学习方式更适合城镇学生，对偏远落后地区的学生而言并不现实，要知道他们去一次图书馆或博物馆并不容易。所以，良好的学情分析是制定一个准确、合理的教学目标的重要依据。

2. 学情分析——教学内容设计的前提

教学改革影响下的教学内容革新一举转变了传统将教材奉为"圣书"的较高地位，一时间，出现了许多版本的教材，这使得过去相对统一的教材在现在只是作为教学资源的一种而出现。综观现有的几种版本的教材，人教版语言精练、逻辑清晰，方便学生阅读，但与其他版本相比显得新观点和补充的新材料不足；人民版对很多历史事件论述详尽、材料丰富，但在详略安排上有不妥之处，这给教师的教学计划安排带来了一定的杂乱感；岳麓版结构合理，但对学生来讲有些理解上的难度。

然而，无论是哪一种教材，教师都需要对其进行重新处理，或是补充，或是删减，或是予以整合。如此真正使教材成为一种可以被变动的"教学材料"，从教育改革的角度上说，这当然是一种进步。在历史教学实践中，到底选择哪本教材的知识，教师补充的知识，甚至是学生通过其他渠道获取的知识，它们在教学中是没有本质区别的。而如果教师选择那些适合学生学习的内容，便能提升他们的学习动机和兴趣，如此自然也能使学生更加牢靠地掌握知识，更能用积极的态度获取知识，而这恰恰与教育的目的相吻合。

为了提高学生的探究能力、深入地分析历史问题的能力，以及提高收集和加工历史信息的能力，教师还需要精心选择并设计教学内容，而这些都是在学情分析的基础上进行的。

3. 学情分析——教学方法设计的前提

教学方法是指教师与学生为实现教学目的、完成教学任务所采用的途径和程序。教学方法包含教学中使用的教学方式、教学手段、教学工具、教学开展的步骤和过程以及有关的一切技术措施。教学方法包含教师的"教"和学生的"学"两部分，即教的方法和学的方法。教学方法的核心在于用最恰当的方式传授给学生知识，但其不仅如此，而是还要提高学生的能力，使学生学会学习的方法，了解学习的窍门。

教学方法具有双边性，其实质也是在于师生的相互作用。也就是说，在教学中，教师必须充分考虑学生的各项情况，否则教学效果难以保证，教学行为的意义也不大。随着教育改革的逐步推进以及教育学、心理学等学科的进一步发展，现代教学方法的创造与确立也越发关注突出学生的主体地位。最大的改变就是一改传统的"教法为重"为"学法为重"，为此在课堂中就加入了更多新的教学技术。新课程倡导充分调动学生对课堂的参与度，要求他们更多地自己动手、乐于探究，培养学生搜集和处理信息的能力以及分析和解决问题的能力，这也是教学课程改革的重点，而这需要通过合理的教学方法设计来实现。

此外，需要注意的是，上面所强调的如自主学习、合作学习和探究性学习等更多的是针对整体学生而言的。如果关注到每个学生身上或不同教学内容的话，还需要教师认真审视和细化教学方法，这也是体现教师灵活开展教学能力的一点。例如，如果对学生采用自主学习的教学方法，教师要考虑所教导的学生是否有这种自学的能力，年龄过小的学生显然不适合这种学习方法。如果学生不具备这种能力，显然是无法获得理想的教学效果的，反而会降低教学效率。

4. 学情分析——教学媒体设计的前提

教学媒体主要为在教学活动中使用的话语、表情、行为、文字、图像、音频、视频、计算机等媒介。使用这些教学媒体的意义在于用来优化教学的信息表现形式和传递方式。在现代，更多媒体技术运用到教育领域，使得在教学中可供选择的教学媒体类型众多，但在选择时一定要注意与学生的身心特点和认知规律相符合。

5. 学情分析——教学评价和教学反思的归依

教学评价与教学反思是现代教育中不可或缺的环节。但我国教育长期以来对这两个环节的重视程度不足，也未能充分发挥这两个环节对教学的作用，表现为教学评价手段和内容单一。究其原因，传统的评价反思将目光更多地集中在学生智力因素上，而对情感与价值观这种非智力因素并不关注。评价的方式更多的是注重易于观察和定量的外部行为，或是某一阶段的行为结果，忽视了学生心理层面和情感层面的动态发展状况。其实仔细分析后不难发现，教学评价的很多观念和方法与学情分析的内容无异。

此外，教学反思并不是教师一方的事情，它在包含教师教的反思的同时，还包含学生学的反思。从形式上看，既要有自我的反思，也要有合作的反思，如教师与学生之间的交流、学生与学生之间的座谈等。在反思的内容上，既要反思教学设计和教学过程，也要反思教学效果。无论是怎样的反思，都离不开学生的参与，且要做好学情分析，如此才能达到提升教师的教学能力和教学水平以及促进学生发展的目的。

（二）高中历史教学中学情分析的原则

1. 全面性原则

学情分析是对学生学习情况的分析。能够影响学生学习状况的因素很多，有些因素对学生学习的影响较大，有些则较小，即分为主要因素和次要因素。但随着时空的变化，主次因素之间也会发生变化，即次要因素变为主要因素等。为此，在做学情分析时除了要将各种影响因素考虑周全外，还要关注到每种因素间的相互关系，如智力因素与非智力因素的关系等。以往很长一段时间，教师更加关注的是学生的智力因素，然而如今非智力因素越发受到教育学和心理学的重视。实践表明，与单纯的智力因素相比，对于一个人的成长而言，其理想、信念、爱好、性格、气质、自信心、意志力等非智力因素更加重要。尽管非智力因素只是间接参与认知过程，但它会对人的认知过程起到制约作用，因此是不能被忽视的。

为了确保学情分析工作的全面性，还要注意明确一般和具体的关系。所谓一般，是指普通的，对大类的分析。不过在对大类进行分析时，采用的是纯粹运用经验和想象的方式。所谓具体，就是对一些个别学生的小众性分析。教学实践过程中经常能遇到一些学生在小时候就阅读过不少历史书籍，他们对各项历史大事记和历史人物都有着非常不错的初步印象和理解。那么，他们在历史学习中就自然会从其他学生中脱颖而出，也正因如此，他们会更加喜欢历史课。教师对这类学生的关注要从调动他们的学习积极性入手，这也恰好能带动其他学生的学习氛围。

2. 深刻性原则

学情分析绝不能只是浮于表面的浅层分析。在实践中，部分教师在进行学情分析时大多还秉承经验至上的思维，他们的依据多是那些事物的表面现象，忽略了要从事物的本质看问题的态度，因此，教师要想掌握学生学习的本质，首先对学情分析的重要性就要有深刻的认识；其次要对此进行专门学习，掌握正确的学情分析方法。只有如此，才能做出较为深刻的学情分析，才能让其成为教学设计的重要依据。

3. 多样性原则

多样性表现的是不同事物间或相同事物间的差异。例如，在一个班中有一些成绩优异的学生，但每个人的优异成绩的获得方式很可能是不同的，为此，并不能对学生一概而论。因此，在学情分析中，要注意秉承多样性原则，而不能只是因为某个学生群体的某方面特质就断言所有学生都是如此。如果以这样的分析结果来指导教学设计，其肯定无法表现出十足的针对性。在学情分析中秉承多样性原则，需要教师研究透彻学生的本质，而不能只是被学生的表象所误导。为此，更需要教师采用科学的方法和丰富的经验去做，只有如此才能让学情分析的结果更切合实际。

4. 具体性原则

学情分析所获得的结果一定要是具体的，空洞的学情分析对教学设计的意义非常有限，甚至会起到一定的误导作用。学情分析对具体性原则的秉承，就是要求教师要抱着尊重事实的态度开展学情分析工作，把学情分析当成一项重要的工作去做，对其中每一项调查都要细致、严谨、科学，如此才能使学情分析发挥其原有的作用。

（三）高中历史教学中学情分析的方法

学情分析的对象是各类学生，具有一定的复杂性。不过，随着教育教学的发展，到目前为止已经积累了一定的了解学生的方法，并在实践中加以应用，获得了不错的效果，主要探讨以下几个常用方法：

1. 观察法

使用观察法进行学情分析要依赖一个严格的观察程序，这一过程中还要对观察到的内容特别是细节进行记录。

观察法通常有试验观察法和实地观察法两种方式。试验观察法的场景是人为设计的，然后对接受实验的群体和对照群体进行观察，通过比较双方的不同来探讨实验因素的影响。实地观察法则需要观察者参与到设计的场景中去，成为场景的一分子。但观察者在活动中只能作为观察员存在，而不能干扰观察对象的任何行为。但在实践中，要想让学生真的忽视教师在活动中的存在是不现实的，学生的行为多少还是会有一些不真实的成分存在。这需要教师在做最终的学情分析时要适当"挤掉"学生的"表演水分"，以此让观察到的结果更加真实可信。

2. 访谈法

鉴于谈话的形式较为简单和直接，访谈法对于教师了解学生而言是较为常用的。在访谈中，教师可以在需要的时候根据学生的回答继续追加问题，使进一步了解教师关注的问题成为可能。这是观察法和问卷调查法所不具备的优势。

访谈的形式有正式访谈和随意访谈两种。正式的访谈需要教师提前做好准备，明确访谈目的，选择恰当的访谈地点，其目标主要是收集某些信息或者解决某个问题。如果访谈中涉及一些隐私的内容，则谈话地点就要非常考究。另外，基于教师和学生身份的本质不同，访谈时教师需要营造恰当的关系，让学生对教师有良好的信任感，这样所获得的信息自然更加客观和真实一些。随意访谈相比正式访谈而言就更加随意一些，也没有特定的主题，谈话中即兴内容会更多一些。

3. 考试法

考试法有助于教师了解学生对已学知识的掌握情况，通过既定的历史内容考试，能对学生的相关历史知识水平有一个大致的了解。

考试法根据不同分类标准有不同类型，如开卷考试、闭卷考试、随堂考试、周考、月考、学期考试等，不同考试形式可为了解学生的历史学习情况提供必要参考。

4. 问卷调查法

在开展问卷调查前首先要明确调查目的，然后圈定调查范围。这个范围的选择关系到调查的成本和时间，因此，只要样本足够有代表性，便基本不需要开展大规模的问卷调查。至于如何选择足够量的且有代表性的样本则是专业的技术问题，它要以调查目的为依据，并关注学生样本的性别、年龄、班级、家庭等多方面因素。问卷设计是非常专业的工作，其中最为关键的在于问题的形式。常见的问题形式有封闭式问题和开放式问题两种，在设计问卷时要注意将两种类型的问题相结合来安排。当问卷回收后，就要对其进行整理和统计。现如今，使用计算机对问卷进行整理和统计会节省很多劳动力。

（四）高中历史教学中学情分析的内容

对学情进行分析的内容很多，基本上只要是学生学习的相关情况都在这个内容范畴之内，如学生的身体状况、学习能力、家庭背景、生活阅历等，这些内容都会对学生的学习情况构成影响。因此，对于学情分析而言，尽可能掌握到更多的内容自然是好的。但是学情分析的实践中，几乎不可能收集到如此详细的信息，也做不到对每名学生都进行调查和访谈，这会降低学情分析的效率。通常而言，做教学设计中的学情分析只要能包含其中较为关键的内容即可，这包括学生的基本特点和学习环境。

1. 对学生的基本特点进行分析

任何年龄阶段的学生都有其各自阶段的独特认知特征。美国著名教育学者皮亚杰将儿童认知的发展分为四个阶段，即感知—运动阶段、前运算阶段、具体运算阶段和形式运算阶段。对于这四个阶段而言，每一阶段都是一个整体，并且有自己的行为模式。后一阶段中的行为模式总是在前一阶段的基础上获得的整合，相邻的两个阶段的前后顺序不能互换。各阶段出现的年龄因个人智慧程度和社会环境不同而发生差异，可提前或推迟，但阶段的先后次序则保持不变。

（1）学生的认知特点分析。就认知层面和能力而言，不同年龄阶段的学生有很大的差异。对不同年级的学生在要求上有所不同，这主要体现在对学生能力方面的要求。

（2）学生知识结构与基础分析。对于历史教师而言，全面了解与分析学生历史知识结构、历史知识基础，有助于历史教师有针对性地合理设置历史教学目标和学生发展目标，同时，在此基础上的历史教学，有助于学生更好地掌握历史知识，打好历史学习基础，为以后的历史知识不断丰富和学习成绩不断提高奠定基础。

（3）学生性别及学习能力特点分析。学情分析中需要考虑到性别因素。美国心理学家桑代克所做的实验证明女性在语言表达、短时记忆等方面优于男性，而男性在空间知觉、分析综合能力、实验观察、推理和历史知识的掌握方面优于女性。这些差别出现的原因有生理上的，也有社会层面的，因此可以断定，性别对学习情况是会构成一定影响的。

（4）学生非智力因素特点的分析。说到性别对于学习的差异，还体现在性格、气质、情趣、理想等非智力因素。这也使得一些男生在历史方面的造诣比女生更强。这是由于，通常男生比女生更关注时政、军事等信息，对英雄更加崇拜，也更乐于分析跌宕起伏的历史事件。反观女生则更关注个体的命运，时常为具体历史人物的命运而感叹。

（5）学生群体的时代特点分析。教师必须充分认识到不同时代的学生的生理与心理特点不同，对社会与教学内容的认知与理解不同，学习出发点与动机也会有一定的差别，教师在面对不同时代的学生时，应了解不同时期学生的特点，对此多予以包容，多换位思考，而不应只是高高在上的感觉。这样才能坚持历史的内在要求和自己的特色，做到既不刻意迎合学生，也不远离学生。

2. 对学生的学习环境进行分析

（1）物质环境。学生的学习环境对学生学习状况的影响是较大的，这是在做学情分析时的一项重要内容。现如今虽然提倡均衡教育，但要想真的做好仍旧任重道远。就学习环境而言，不同地区的学校软硬件条件有着很大的差距，受制于经济水平，短期内是难以从根本上获得改变的。就此来看，所选择的教学模式和使用的教学方法一定要结合学习环境实际。

（2）心理环境或精神环境。处于不同班级的学生，会由于班风和学习氛围的不同而产生差异，这是生源和分班方式导致的，当然也与不同的班主任和任课老师的教学风格有关。管理严格的班主任带出来的班通常学生更加规矩，但在一些活动参与感上有些不足；如果班主任追求自由，秉承相对开放的管理方式，那么这个班级的氛围就会更加活跃，但在纪律管理上又要多下些功夫。

（3）成长环境。在有条件的情况下，进行学情分析时还可以深入学生家庭，对其家庭背景有一个大概了解。家庭的成员结构、经济情况、文化氛围、居住环境等都可能会给学生的学习带来一定影响。家访无疑是最常见的了解学生家庭状况的行为方式，这在特定时期起到的效果很好，不过随着时代的发展和人们隐私意识的加强而显得有些过时。但是，家访的作用在某些学情分析中还是不能完全被替代的。只有那些亲眼看到的、亲身感受到的家庭情况才是真正对学情分析有价值的信息。对于特殊的学生、特殊的情况，家访可能会起到意想不到的效果。

二、高中历史的教学设计

教学设计对包括高中历史在内的所有学科的教学工作而言都是至关重要的环节。高中阶段的历史教育由于其特殊性，在教学设计环节需要非常考究，确保其科学性和系统性，能够为最终实现高中历史教学目标带来益处。为此，研究高中历史教学设计的发展就显得非常必要。

（一）教学设计的理论观点

教学设计作为系统性的、对教学活动的操作性规划与安排，旨在提升学生的学习效果，达到教学效果的最优化，由此也必然需要一定的理论支撑。关于教学设计的理论基础，教学理论界存在多种观点，归纳如下：

第一，"单基础"论，即认为教学设计的理论基础是认知学习理论，并强调主要是指加涅的认知学习理论。

第二，"三基础"论，即认为教学设计是以学习理论、教学理论和传播学理论为基础。

第四，"四基础"论，即认为教学设计理论基础包括四个组成部分，即系统论、学习理论、教学理论和传播学理论，并强调学习理论应当是四种理论中最重要的理论。

第四，"五基础"论，即认为教学设计要以学习心理理论、现代教学理论、设计科学理论、系统理论和教育传播学理论为基础。

第五，"六基础"论，即认为学习理论、传播学理论、视听理论、系统科学理论、认识论和教育哲学共同构成教学设计的理论基础。

（二）高中历史教学设计的特点

概括而言，高中历史教学设计具有以下特点：

第一，教学设计以系统方法为指导，将组成教学过程的各要素视为相互影响、相互联系的有机系统，通过分析各教学要素及其内在问题与需求，确立教学顺序，以达到教学效果最优化。

第二，教学设计也可视为将教学原理转换成教学材料与教学活动的计划，它要遵循教学过程的基本准则，选择与确立教学目标，以解决教哪些内容的问题。

第三，教学设计是以实现教学目标为指向的策略性、计划性活动，它以计划或规划安排的形式，对怎样实现教学目标进行创造性决策与规划，以解决怎样教的问题。

第四，教学设计是促进学习的创造性设计过程，它的功能在于运用系统方法设计教学过程，以最终提升学生的学习效果。

第三节　高中历史整体设计与有效教学提升策略

《普通高中历史课程标准》（以下简称《课程标准》）指出：历史课程要将培养和提高学生的历史学科核心素养作为目标，使学生通过历史课程的学习逐步形成具有历史学科特征的正确价值观、必备品格与关键能力。学科核心素养的培育关键在于教师教育理念的转变、贯彻《课程标准》精神以及课程目标有效达成。下面以《中外历史纲要（上）》中《中国特色社会主义道路的开辟与发展》一课为例，探讨通过整体设计、情境创设、探究活动，践行素养为指归的高中历史有效教学的具体路径。

第一，有效历史情境的创设。历史是过去的事情，学生要了解和认识历史，需要了解、感受、体会历史的真实境况和当时人们所面临的实际问题，进而才能去理解历史和解释历史。因此，"在教学过程的设计中，教师要设法引领学生在历史情境中展开学习活动，对历史进行探究"①。正因历史史实与学生的生活经验相差甚远，有些历史结论很难引发学生共鸣，这就需要教师创设有效历史情境激发学生学习动机，让学生穿越时空与过去对话，感悟历史发展，落实培养其在情境中分析、解决问题的素养。

有效的历史情境应当具备依托教材、引发学生共情、提供充足思考空间等特征，而教学情境的创设与实施是一节课的主要内容，创设指向核心素养的有效教学情境需要关注的不仅是课本知识的落实，更须关注在依托教材的基础上给予学生形成核心素养的条件与环境，在情境引发的历史共情中达到素养的培育。

第二，有效探究活动的开展。探究式教学是实现有效教学的重要抓手。而开展有效探究活动的前提是教师充分解读教材，整合教学内容，将教材中呈现的史实进行一定程度的转化，形成能够探究、值得探究的活动主题，在探究活动中培养学生分析问题、解决问题的能力。在教学探究活动中，学生往往能突破教材既有内容提出自己的看法，从而有效地提升他们的理解力、想象力等多方面的综合能力以及透过历史表象认识本质的高阶思维，彰显历史学科的教育价值。有效探究活动在关注学生主体性的同时，强调教师指导作用的发挥。教师在关注活动设计意图是否实现的同时，还须抓住探究过程中的生成性智慧。

第三，有效反馈补偿的实施。当今"互联网+教育"的发展，正在飞速突破传统教育模式，促进师生优质资源共享。在丰富教学方式的同时，也满足了学生个性化的学习需求，更有效地推动教与学之间的交流互动。大数据、智能交互等技术在历史教学中的应用，也为有效精准反馈的实施提供保障。有效反馈补偿的实施基于学生的学习困境形成精准的应对策略，不仅是对课堂教学的补充，它可以使师生间的交互超越课堂，对有效教学提供技术保障与进一步的提升，促发由学习者自身驱动的深度学习。

综上所述，在有效历史情境的创设中强调情境依托教材，激发学生共情并能够提供学生充分的思考空间。在有效探究活动的开展中要让学生"亲身"经历知识的发现与建构过程。在精准反馈补偿的实施中要将现代教育技术应用到课前、课中、课后，关注不同层次学生的学习情况。在这种贯穿教学始终的"有效"思维指导下，真正实现指向核心素养的历史教学。

---

① 陈家华. 高中历史整体设计与有效教学提升路径探究 [J]. 中学历史教学，2022 (5)：22.

第四节 基于核心素养的高中历史有效教学设计策略

一、高中历史核心素养阐释

核心素养既有传承的一面又有超越的一面。传承更多地体现在"内涵上",而超越更多地体现在"性质上"。作为核心素养主要构成的关键能力和必备品格,实际上是三维目标的提炼和整合。在历史学科中,历史素养是通过日常教化和自我积累而获得的历史知识、能力、意识以及情感价值观的有机构成与综合反映,其所表现出来的,是能够从历史和历史学的角度发现问题、思考问题及解决问题的富有个性的心理品质。历史核心素养的基本要素包括以下方面:

第一,唯物史观。历史研究离不开人,这就涉及人的思想与心灵。历史的知识是关于心灵在过去做过哪些事的知识,同时它也是在重做这件事;过去的永存性就活动在现在之中。科学的历史观要求师生认识历史不仅要考证史料,辨别真伪,更要赋予其价值,由此需要历史理解,通过历史教学,要求学生依据可靠史料设身处地认识具体的史实,对历史人物、事件要有"同情的理解",能够感悟和理解历史事件和人物,能够体现出尊重和理解他人、客观处理问题的态度,能在历史环境中去分析历史事件与人物及其行为。

第二,时空观念。历史两个最基本要素是时间与空间。历史性与时间性密切相关。"变迁"与发展是历史的本质,为了确切显示人和物的变迁,必须将这种变迁置于一种时间框架中,时间观念是感知、理解历史的首要认知性前提。但同时时间观念又依附于空间观念,人类需要借助空间给时间定位,时间和空间,不管它是存在,还是人的思考中错觉的范畴,都是不可分割的统一体。时空观念既是学生认识过去、感知特定历史人物和事件的前提条件,又是理解历史变迁、把握历史与现实联系的认知依托。

第三,史料证实。史料是史学研究的基础,是学生感受历史、确证历史的证据来源。在历史本体意义上,历史绝不是用叙述写成的,它总是用凭证或变成了凭证并被当作凭证使用的叙述写成的。在学生的"认知世界"里,史料是学生重构历史情境的证据。证据意识既要求学生懂得"用证据说话",更要"一分证据说一分话",即要能辨析史料真伪,能从不同类型的史料中提取有价值的信息,能够辨清、理解史料作者的意图。证据意识不仅包含了必要的逻辑推理、分析与比较等能力,还蕴含着更深层的科学精神。

第四，历史解释。历史解释要求在能做到对历史人物事件理解的基础上，对客观历史做出合理分析与解释，历史解释与历史理解既有联系，又有区别。历史解释涵盖历史理解，但又超出历史理解。历史解释基于历史理解，更偏重于指向历史意义的外在表达过程，这里的历史意义不等于文字意义，其指的是在历史的上下文中解读的实践和文化意义。历史解释要求学生既能区分历史叙述中的史实与解释，能分析所学内容中的历史结论，更能结合实践赋予历史问题以现实意义。

以上历史核心素养的基本要素，对应并契合着其构建依据：时空观念、证据意识外在地规定着探究历史的条件与方法，历史理解、历史解释与历史评判内在地洞见着理解历史的人文精神与价值，两者统合于历史学既具实证又兼诠释的人文学科特质中。而且，时空观念、证据意识所蕴含的求真态度与科学精神，历史理解、历史解释与历史评判所产生的人文关怀与社会责任都在不同层面具体地回应着"立德树人"教育的根本宗旨。从实践上看，历史核心素养的基本要素与美、英等国家的历史学科思维所界定的内含要素有一定程度的重合，也与现行历史课程目标的某些成分相近，有可借鉴的、可行的现实操作空间。

二、高中历史有效教学设计策略

（一）加强学生历史核心素养实现的有效教学过程设计

在高中历史教学中，要真正落实核心素养，促进学生历史核心素养的实现，就要注重对历史教学过程进行有效设计。下面主要从三方面来探讨高中历史有效教学过程设计。

1. 核心素养立意，确立"以生为本"的教学理念

在新课改中，深入人心的"以人为本"理念主张在教学中以学生发展为本。在应试教育时代，死记硬背的教学方式让学生记住了知识点，学生在考试中得心应手。但现在是素质教育时代，考核评价正在不断改革，教师要"以学生为本"展开教学，要实现促进学生全面发展的目标，而掌握知识只是实现该目标的一个方面，除此之外，还要让学生达到方法与能力、情感态度与价值观方面的目标。对此，高中课程改革中将"核心素养"理念提了出来，并在考核评价标准中新添加了"学业质量标准"，这样一来，促进学生全面发展的目标不再抽象模糊，而变得具体化了，这样也提高了考核评价的可操作性，能够在学生学习方式变革中提出一些有价值的意见，真正按照正确的方向对全面发展的人才进行培养。因此，在高中历史教学中要围绕培养学生的历史学科核心素养来设计教学活动，以"核心素养"立意，坚持"以学生全面发展为本"的教学理念，在此基础上对教学目标、

教学内容、教学方法模式以及教学评价等各个环节进行有效设计。

教学立意不同，就应该选择不同的教学内容，设计不同的教学方法，构建不同的教学模式。所以，在高中历史学科教学中，应坚持以"核心素养"立意，在此基础上展开对历史教学活动的有效设计。

2. 设计探究活动，引导学生自主学习

在高中历史教学中，能否真正落实核心素养，关键要看学生能否充分且有效发挥自身的主体性。因此，对学生历史学习的自主积极性及创造性进行调动非常重要。在历史课堂上，教师要基于对历史教材内容及教学内容历史内涵的准确把握及充分理解而设计教学活动，且要对核心素养目标有所明确，将教学内容恰当地转化为有探究价值的话题，并设计相应的探究性活动，从而引导学生自主探究。

高中生还不具备很强的能力来解析历史材料，并对历史材料进行综合论证，教师的示范引导显得非常重要，学生将所学知识或所获取的材料信息运用于问题的分析及观点的论证中，这需要教师的引导与帮助。教师在做好示范分析后，将学生分成若干学习小组，各小组进行探究式学习，自主收集材料，提炼观点，论证观点，并回答教师提出的问题。学生在小组探究学习中可对教师的示范模式予以借鉴，在历史问题的分析中要尽可能从多维历史观出发，解释历史问题要由表及里，不断深化，透过表象看本质。在这个过程中，学生的探究精神、创造精神及核心素养（唯物史观、史料实证、历史解释）都能得到强化与提升。

3. 创设问题情境，使学生深切感知历史境况

从根本上来看，学生的核心素养是解决复杂的、不确定的现实生活情境的综合品质，是其在与情境的持续互动中不断解决问题、创生意义的过程中形成的。在历史教学中，学生最开始难以认同教材中的历史知识和结论，也难以产生共鸣，针对这个问题，历史教师应将丰富的历史素材利用起来，合理设计问题，从而实现历史的"再现"，这样学生就有机会与历史展开对话、互动，并身临其境地感知历史，从而对历史的变迁产生深刻的感悟，并逐渐形成更高级别的历史思维，掌握丰富的历史方法，在现实中运用这些所学所得去更好地应对和解决实际问题。需要注意的是，教师创设的问题情境既要能最大限度地"还原"历史，又不能脱离学生的现实生活，要注重问题情境的真实性。

历史教师合理创设问题情境，使学生的探究学习、合作学习以及体验学习都基于特定的问题而展开，这有利于学生更好地对比分析历史和现实问题，使学生将自己所收集的史料信息利用起来去论述问题。在特定的历史时空下，学生对历史问题的对比分析、综合探

究等都能恰当地把握好时空尺度，而且对所探究问题的论述也更具合理性。学生对一些历史结论进行尝试性验证，主要基于自己所掌握的丰富史料，验证的同时也能发挥创造性，从新的视角解释历史现象。由此可见，创设问题情境有助于提升学生的历史核心素养，具体从时空观念、史料实证和历史解释等要素中体现出来。培养与提高学生的历史核心素养，能够使学生更好地应对与解决现实问题，真正做到"以史为鉴"。

在情境式教学中，历史教师还要注重对教学方法的合理选用，要尽可能选择那些可以激发学生学习兴趣，使学生在学习过程中将自身主动性与创造性充分发挥出来的教学方法，学生只有亲身参与及充分发挥能动性，才能对历史有更好的感知与理解，才能将教师所创设的历史情境中的问题解决好，形成良好的解决问题的能力。

有些历史现象看起来似乎缺乏合理性，对于这类现象，历史教师要善于结合史料对历史情境及相关问题进行恰当的设计，使学生能够在特定情境中对看似不合理却在情理之中的历史现象予以理解，获得深刻的感悟。需要注意的是，并非任何一个历史现象都适合采用情境式教学法，都能创设出相关的历史情境，或者说都必须采用这一方法才能展开教学，这就需要历史教师认真分析历史事件的每个环节，确定哪个环节更适合创设问题情境，更适合采用情境教学来培养学生的历史核心素养，有些环节所包含的核心素养要素非常丰富，对于这些环节，要合理创设历史情境，设计情境中的问题，引导学生思考与处理问题。例如，在辛亥革命教学中，教师创设问题情境将图片材料、文献材料等素材充分利用起来，引导学生在学习过程中感受生命力旺盛的中国传统文化。此外，教师可多为学生提供自主学习空间，让学生重视对史料的研习，学生通过解读史料、解决问题，其时空观念、史料实证能力及历史解释能力等核心素养都能得到不同程度的提升。

（二）促进学生历史核心素养实现的有效教学策略设计

第一，以历史视角开展教学，融入历史意识。历史意识是人类对自然及社会在历史长河中出现的现象、变化产生的认识。人类只有树立了历史意识，才会不断对历史进行反思，才会积极主动地继承与弘扬优秀的历史文明成果，并推动历史向更高级、更文明的阶段发展。在历史教学中，教师的教学内容讲解与论述应从历史角度切入，不能仅是"历史的旁观者"，应在教学中融入对学生的"历史意识"的教育，结合具体历史事实进行拓展分析，帮助学生树立历史意识。

第二，创设情境，使教学更生动，有代入感。历史事实具有无法重现性，很多历史事实需要教师讲解与描述，仅凭借教师语言讲解和教材图文展示，学生了解历史事实与历史人物的主动性不高，鉴于此，高中历史教学中，历史教师必须采取适宜的教学手段，将抽象的历史内容形象地呈现在学生眼前，让学生可以贴近历史、学习历史、感悟历史。在教学实践中，历史教师要采取各种教学手段，指引学生深入感受历史，反思历史；引导学生主动思考、探索问题，挖掘历史内涵，使学生丰富历史情感体验，并树立正确的历史价值观。

第五节　教学信息化背景下的高中历史有效教学设计策略

随着社会经济与科学技术的不断发展，学校教学条件、环境与要求也在不断发生着变化，在当前信息时代，信息技术在社会各个领域得到了广泛应用，信息技术在教育教学领域的应用为学校教学提供了教学技术支持，新时代高中历史教学也将更加丰富与多元。

一、教学信息化概述

（一）信息技术发展与教学信息化的认知

20 世纪 90 年代以来，以计算机技术为代表的互联网技术迅速发展，随着计算机的快速普及，计算机信息技术、卫星通信技术、光纤通信技术快速发展与更新换代，人类社会进入信息时代。信息时代的到来，有效地将人类从复杂的脑力劳动中解放出来，工作效率显著提高，因此，信息技术迅速被引入和渗透到社会生产生活的各个领域。信息技术引入教育教学领域，为师生带来了新的教学体验。

1. 信息技术引入教学相关领域

教育是人类社会科教文化领域的重要组成部分，也在很大程度上受到现代科技的影响。以多媒体技术和网络技术为基础发展而来的现代信息化教育技术，以信息处理为核心，更加注重人的作用。

随着互联网远程教育的迅速普及，教育技术不仅在学校各学科的课堂教学中得到了广泛应用，各学科教学还依托网络信息技术，积极开发与构建网上共享教学资源，将教学信息整合到网络课程中，以满足远程教育学习需求。

就当前高中阶段的学生而言，他们是在信息化社会环境中成长起来的，他们接纳和吸收新的事物的能力非常强，也适应了信息技术发展过程中的各种视听享受与通过视听方式接受信息的习惯，传统历史教学中只依靠教师讲解、板书的教学方法，显然已经不再适应当前的高中学生，信息技术引入历史教学，是时代发展的要求，也是学生历史学习的必然需要。

2.《教育信息化 2.0 行动计划》

信息化时代的到来，进一步促进了教育教学的信息化改革，越来越多的信息技术在教育教学实践中得到应用，信息化教学是学校教育教学的重要发展趋势。

随着信息技术在教育教学领域的日益广泛应用，我国教育部正式印发颁布《教育信息化 2.0 行动计划》，明确了新时期我国教育信息化的发展现状与未来发展方向。在当前的学校教育教学中，信息技术是现阶段最先进的教育教学技术，信息技术引入教育教学领域，能为当前的课堂教学提供更多丰富多彩的教学体验，并有助于拓展教育教学的时间与空间范围，对现代教育教学起到了重要的加分作用。在教育教学实践中，教师应科学与合理选用信息化教学内容、方法等，以增加师生的教与学的兴趣，丰富教与学的情景与情感体验，优化教与学的效果。

（二）教学信息技术运用下的历史教学设计

1. 教学目标设计

信息技术在历史教学中的应用，能以更加生动形象的教学方式来呈现和展示历史教学内容，有助于加深学生对历史素材、历史资料的影响，对于更好地实现历史教学目标具有重要意义。

高中历史教学实践中，教师在课堂教学中应用信息技术，应注重教学内容的呈现与历史教学目标的一致性，不能为了使用信息技术而使用信息技术，要让信息技术在历史教学中的使用为推进历史教学过程、实现历史教学目标服务。

2. 教学情境设计

信息化教学技术融入现代高中历史教学，可使历史教学的课堂氛围更加活跃，使历史教学的教学情境更加生动、立体，能将学生有效地引导到历史教学内容中去，有更加丰富和真切的历史情感体验。与传统教学技术相比，信息技术具有图文并茂、形象直观等许多优点，在创设学习情境方面具有自己的优势，应充分地利用电教手段、网络教学手段丰富沉闷的课堂教学，调节课堂气氛，营造轻松愉悦的教学氛围，调动学生的学习主动性，让学生以更加丰富的情感体验与历史思维学习历史课程教学目标要求的知识。

信息技术背景下的多媒体辅助教学创设教学情境的优势，是传统教学手段不可比的，高中历史教师应充分结合信息技术手段的优势创设教学情境，以激发学生学习兴趣，吸引学生历史注意力。

教师在历史教学过程中，通过合理化的信息化教学技术来烘托适宜的教学情境，应避免信息教学技术的不当使用、与教学内容与目标不符或不贴切，这样会导致历史教学情境的设计令学生感到无趣。具体而言，历史教师在情境创设方面除了要以教育目标为标准以外，还要针对具体的教学内容，保证情境创设的真实性或生活性，落实历史教学的沉浸式教育。

3. 教学资源设计

教育领域对计算机技术的应用主要是对文本教学信息资源的超文本处理，然后将加工处理过的教育信息传递给学生，将知识资源数字化、平面资源立体化，是信息技术发展初期的教育资源优化利用的表现。此外，在不同学科教学中，信息技术与学科整合的过程，要结合课程的具体内容和所拥有的信息资源，选用恰当的信息技术进行整合。

在高中历史教学中，应用信息化教学技术，仅仅实现教学资源文本处理的转变远远不够，还应该强调基于互联网的大资源观，建立网络学习空间，丰富历史课堂教学中教师的教与学生的学的知识与内容。

互联网信息技术在高中历史教学的应用，不同地区、不同学校的历史教师、学生通过历史资源的网上共享，可以促进全国乃至全世界范围内的历史教学信息的传播，对于高中历史教学活动的参与者，无论是教师还是学生，都有机会更加全面与详细地了解和学习这些历史知识或者称为历史常识、历史文献等，有助于历史教学资源的丰富化，有助于历史教学资源的共享。

信息化大背景下，通过网络搜索，教师在实际教学中的信息量可快速扩展，教学信息更加丰富，同时，利用计算机网络传输、存储可构建丰富的历史课程资源库，为教师及教学均提供帮助，这对进一步提高历史教学质量及教学效率具有重要意义。

特别值得注意的是，网络历史教学资源丰富多彩，为历史教学查找提供了便利，同时人人可提供与传播网络信息，人人可进行网上编辑，这也要求历史教师应注意鉴别网络历史教学资源相关信息的真实性、有效性。

4. 教与学活动设计

信息技术引入历史课堂教学后，能为历史教学提供交互式的教学环境，在历史教学中，科学应用信息化教学技术，应注意不同信息化教学技术与具体的历史教与学的活动的有机结合，具体要求如下：

（1）信息技术与历史学科有机结合。将信息技术用于"教"整合手段包括 CAI、WebQuest、多媒体、校园网、远程教学等。

（2）信息技术与学生的历史学习活动有机结合。通过信息技术支持学生的学，如通过 CAL、CSCL、在线讨论、在线答疑等，促进师生、生生之间的交流。

（3）历史学科教学与学生学习活动的整合。学生在教师指导下，获取丰富的历史教学资源，丰富教师与学生的历史知识结构体系。

（4）信息技术学科与其他学科及学习的整合，在历史教学中充分体现出信息技术的工具性、综合性特征。

二、高中历史信息化有效教学的设计策略

（一）高中历史网络教学

1. 网络教学的类型

（1）校园网教学。校园网是计算机网络的一种形式，是计算机网络的局域网络系统。校园网能为学校所在的地理空间范围提供一个宽带多媒体网络环境，师生的开课、选课、备课、教学、资料查找等，都可以在校园网上实现。具体而言，校园网为完善教学管理，在校师生的教与学提供了一个互动、共享平台，在该平台中，不同的教育教学参与者都能更高效便捷地完成个人教学相关需求。具体分析如下：

第一，教师可以实现教学资源和教学计划的共享，以便学生预习、查阅和复习。

第二，学生可以实现网络系统选课，并在课外时间有机会与教师、其他学生进行在线交流，可极大地拓展教学空间与时间。

第三，校园网能有效连接校园不同教育部门、职能部门之间的联系，构建更加完善的校园网络管理系统，方便教学管理。

（2）移动网络教学。移动网络教学是利用移动通信技术开展的网络在线教学，师生在任何时间和任何地点都能进行教学交流。与传统教学相比，移动网络教学具有以下特点：

第一，移动性：互联网移动教学可以实现线上教学的随时随地开展，学生不仅在教室、在学校内进行学习，还能通过互联网移动设备（如手机、笔记本电脑、平板电脑等）在任何地点（如地铁上、公交上）进行学习、获取学习资源。

第二，碎片化：移动学习能实现学习者在任何时间的学习，可以有效利用碎片化的时间来积累知识。

第三，个性化：移动网络教学为师生提供了更多的教学选择，教师可以从网上获取丰富的符合自身教学风格、教学需求的教学资料；学生也可以不局限于本校老师的课堂教学，可以在互联网上检索与学习自己感兴趣的教学内容，互联网移动网络教学令教学更加个性化。

2. 高中历史网络课程/课件设计

对于高中历史教师而言，网络教学技术与平台为历史教学提供了更多丰富的教学资源，使得历史教学具有更多的呈现形式与可能性，历史教师要开展网络教学课程，就必须熟悉互联网操作技术、网络课程教学特点，有能结合具体历史教学内容涉及网络课程/课件的能力。具体而言，高中历史网络课程/课件教学设计内容与方法如下：

（1）网络课程结构设计。历史网络教学课程的总体结构设计应建立在历史教师充分了解和分析历史教学目标、教学内容和方法的基础之上。教学结构设计过程中，教师可以排列教学内容，并形成教学内容的网络框架，再利用一些有特色的多媒体方式凸显教学难点与重点，吸引学生注意。

（2）网络教学界面设计。网络课程教学界面设计，应考虑到教学界面的美观与方便检索，要能有效吸引学生注意，合理分配与使用文本、图片、声音信息，并注意界面的可操作性，方便学生根据自己的学习需要，找到网络入口，更深入了解课程内容与获取学习资源。

一般而言，一个网络课程必须至少包括三个板块，即教学管理板块、学习功能板块和师生互动板块，教师应尽量优化这三个板块的广度和深度，为学生的网络课程学习提供良好的互动体验。网络课程教学界面的成功设计，要求教师应熟练掌握不同网络硬件与软件的使用技能，如使用 Dreamweaver 将 Fireworks 或 Photoshop 等档案移至网页上；设计 Web 留言板、Web 聊天室和构建动态网页；运用数据库技术进行信息存储、检索；利用多媒体技术演示等。

（二）高中历史微课教学设计

微课（Micro lecture）是运用建构主义方法转化成的、以在线学习或移动学习为目的，围绕某个知识点（重点、难点、疑点）或技能进行的一种教学。微课教学知识点少，通常为一两个，体系简单，教学对象少，因此，有人形象地称微课为"碎片化"的教学。

1. 微课的影响与作用

开展微课教学，对不同教学参与者有不同的影响与作用，简要分析如下：

（1）促进学生有效学习。①提供良好学习环境；②满足学生个性化学习需求；③对传统课堂有效补充与拓展，查漏补缺；④和谐师生关系；⑤方便学习内容的永久保存、查阅、修正。

（2）提高教师教学水平。①教学目标更清楚、教学内容精简，针对性更强，教学设计更有针对性；②微课教学可提高教师对教学媒体的操作能力；③微课教学能提高教师对知识的概括、讲解和总结能力；④微课教学有助于教师丰富教学经验，丰富教学方式方法，帮助教师转变教学思维，提高教学创造创新能力；⑤微课教学设计是一个"研究—实践—反思—再研究—再实践—再反思"的过程，有助于提高教师的教学科研能力；⑥微课教学有助于提高教师对新教学技术尤其是信息技术的应用能力。

微课教学作为一种新的教学形式，不仅对参与教学活动的教师与学生的教与学有积极影响，对学校教学的发展也有重要的积极影响，有助于促进教学实践创新，促进教学交流与教学资源共享，促进教学的不断完善与优化。

2. 微课的主要类别划分

（1）主题微课。主题微课目的在于解决某一教学问题，具体包括以下两种教学类型：①"策略组合"微课：基于某一主题，总体引入—逐一介绍—总结梳理。②"经典策略"微课：介绍某一策略（方法），引入—主体介绍—总结步骤与注意事项。

（2）细节微课。细节微课旨在解决具体而小的教学问题和细节，课程结构为"情境引入，有吸引力—细节与过程剖析—总结梳理"，教学要求包括三方面：①小点切入，如一张图片、一件小事、一段对话等。②视角独特，能从日常不易被注意到的问题中发现新问题和新思考方向，具有启发性、价值性。③思考深入，有深度的追问与思考。

（3）故事微课。①"小故事"微课：讲述单一情节故事，情境引入—过程介绍—总结梳理。②"波折故事"微课：讲述复杂故事，故事起因—策略—新问题—新策略……（至少两轮）—拓展—梳理与反思。

3. 高中历史微课设计

（1）微课教学的课前开发。传统教学环境下，教学目标往往是概括性的、模糊不清的，依托信息技术的微课教学的教学目标力求具体、清晰，教师在课前提前向学生提供预习任务与要素，形成相关学习数据，以明确教学目标。课前微课开发程序包括四方面：①教师开发学习任务单和练习，方便学生预习参考；②教师在课前向学生推送微课，方便学生预习与自测；③学生完成预习与自测，向教师同步反馈；④教师根据学生反馈数据，明确教学重点与难点，以便在微课教学中有针对性地精准实施教学。

课前微课开发，主要服务于课堂的一个环节或者几个教学活动的集合，并通过网络教学平台展示，用于课前预习，并非完整课堂。

（2）微课教学设计思路。①教师熟悉教材和学情，整体规划教学，挖掘教学重点、难点；②教师明确教学知识点；③以好的策略或创意解决教学重点、难点；④围绕微课程的内容准备各种教学资源，如视频素材、教学媒体、文字材料等。

（3）微课教学视频制作。

第一，外部视频工具拍摄。①制作工具与软件：摄像机、黑板、粉笔等。②制作方法：对教学过程摄像。③制作过程：针对微课主题编写教案，并利用黑板展开教学，摄像机拍摄教学过程，然后再进行视频后期编辑。

第二，屏幕录制。①制作工具与软件：计算机、耳麦、视频录像软件、PPT 软件。②制作方法：录制 PPT 演示屏幕。③针对微课主题，收集教学材料和媒体，制作 PPT 课件，用计算机展示视频录像软件和教学 PPT，教师戴耳麦、话筒，录制计算机桌面，边演示边讲解，然后进行视频后期编辑。

第三，便携视频工具拍摄。①制作工具与软件：可摄像的手机、一张白纸、色笔、教案。②制作方法：利用手机摄像功能录制纸笔结合演算、书写的教学过程。③制作过程：针对微课主题编写教案，并用笔在白纸上展现教学过程，手机拍摄教学过程，然后再进行视频后期编辑。

第四，视频脚本制作。①微视频文字稿本撰写。说明文字的制作意图，明确教学内容与目标。②微视频脚本整体制作。解释说明微课程的画面、图形、文字、展现方式等要素。③微视频脚本详细制作。对视频的小段详细解释。

（4）微课思维导图设计。作为一种"碎片化"教学形式，教师在微课教学过程中应避免教学知识点过于松散，要注意完整的教学知识体系的构建，帮助学生理解不同知识点之间的联系。思维导图可以有效串联不同教学知识点，构建微课教学课程结构。

（三）高中历史多媒体教学设计

1. 教学媒体与多媒体教学

（1）教学媒体。教学媒体是教学内容的载体和表现形式，是教学过程中师生传递教学信息的重要媒介。教学媒体的选用是否合理对教学效果具有重要影响。如今，教育教学媒体已经形成了丰富的内容体系，不同的教育教学媒体在实际的教育教学活动中所发挥的作用不同，随着科学技术的不断发展，未来必然将会有更多的教学媒体出现，但是这并不意味着传统教学媒体的淘汰，传统教育教学媒体与现代教育教学媒体在教学中所发挥的作用不同，二者互为补充，各有优势。

现代教育信息化发展背景下的历史教学环境和以往教学相比更加开放、共享、交互。相较于传统教育教学媒体，现代教育媒体设备先进，功能齐全，表达教育、教学内容方面，声像教材能把形、声、色、光、动、情、意融为一体，能满足教学上的各种需求，同时，学生也喜闻乐见，有利于优化教学效果。在高中历史教学中，历史教师应结合具体的教学实际来选择相应的教育教学媒体，以促进历史教学效果的优化。

（2）多媒体教学。多媒体教学技术即 CAI 技术，其具有可嵌入度以及良好的交互性能，其在学校教育教学中的应用，令课堂教学更加形象和生动。现阶段，多媒体教学技术引入历史课堂教学中，在教学过程中通过多媒体技术手段，向学生展示与历史教学内容相关的录像、图片、Flash 等，可有效提高学生的历史学习兴趣与注意力，有助于优化历史教学效果。相较于传统的教学手段，多媒体教学具有以下特点：

第一，集成性。多媒体技术集文字、图形、声音、影像于一体，具有集成性。

第二，智能性。多媒体技术对历史资料的直观的图片展示和动态的影像播放，能使整个历史教学更加生动、形象、立体。此外，多媒体技术依托计算机信息技术，能利用计算机的智能化操作使课堂讲解、作业批改更智能、高效。

第三，便捷性。多媒体技术可实现内容随意跳转，视频、音频自由停放、慢放、回放，师生可随时调用查看进行教或学。

第四，长期储存性。多媒体技术可实现历史教学信息的全数字化加工、处理、存储，教学信息可长久保存不变质。

第五，提供学生参与课堂的机会。如在历史教学中，通过媒体工具展示教学材料，不再是单纯地讲授已有的定论，学生结合教师的分析自行整合、内化知识，师生互动过程中知识点掌握更牢；在教师指导下依据课本创作历史剧进行课本剧表演，能有效调动学生历史学习积极性，加深对历史的认识。

2. 多媒体技术应用下的历史教学设计

多媒体技术应用于现代高中历史教学，是高中历史教学发展的必然趋势，要在历史教学实践中科学利用多媒体教学技术，优化教学效果。具体的多媒体教学应用与教学设计内容如下：

第一，必要性分析。多媒体教学技术优点很多，但是否适用值得深思，教师必须明确认识到，历史教师不能为了应用多媒体教学技术而应用多媒体教学技术，而是要为推动历史教学进程、实现历史教学目标服务。多媒体教学技术是教学工具，多媒体教学技术的选择是为教学的顺利开展而服务的，如非必要可改用其他更适合的教学工具与教学方式。

第二，多媒体工具选择。多媒体教学技术是一个综合性的教学设备与软件体系，不同的教学内容展示可选择与之相适应的多媒体硬件或软件，如果内容简单，动画少，图片多，可考虑选用 PowerPoint 演示文稿；如果交互及动画较多，程序复杂，可选用 Authorware、Flash 等编辑软件。历史教师应选择与历史教学实践相符的多媒体教学工具，对此要做到心中有数，便于为将要进行的历史教学提前做好技术与工具准备。

第三，教学脚本设计。结合教学实际选定教学媒体后，就应该针对具体的历史教学内容，进行历史教学的多媒体课件的设计，历史教学的多媒体课件设计的第一步就是脚本设计。多媒体教学中，程序脚本是程序运行的文字表述，有表格式和卡片式两种设计方式。在多媒体课件制作前，应将清课程设计主程序、分支运行过程。可以用文字表达出来，再结合脚本组织收集素材。程序脚本是多媒体课件的框架，具有提纲挈领的作用。

第四，教学素材收集与整理、制作。以上的教学媒体应用框架设计工作完成之后，历史教师应结合本次课程教学的内容选择能够很好地表现具体教学内容的教学素材，并将这些素材进行收集、整理与加工、制作，使其能通过多媒体技术很好地呈现给学生。在多媒体历史教学中，常见的教学素材主要涉及文本、图像、声音、动画、视频等几种类型，不同的教学素材与内容需要选择相应的多媒体教学硬件和软件进行展示，教学素材的选择会直接影响课件的表现效果，教学素材展示所使用的多媒体技术也会影响教学内容形象和生动的呈现效果。

在高中历史教学媒体课件设计与制作过程中，历史教师应结合教学内容和教学方式选择相应的多媒体展现教具，以便更加生动、形象地展现历史教学内容，加深学生对历史教学内容的影响，给学生更加生动与形象的历史冲击，使学生通过本次课的学习，培养和提高相应的历史意识、道德品质、价值观。

第五，教学课件评价与修改。多媒体历史教学课件在完成初步的设计与制作后，应进行必要的教学实验展示，便于发现课件中可能存在的问题，或者多媒体技术适用过程中存在的问题，及时进行调整和修改，使之更贴合教学实践，更能满足教学需求，更有利于教学过程的顺利开展，确保在正式的历史教学中能收到良好的教学效果。

第六，教学课件使用与发行。多媒体教学课件最终修改完善后就可以投入使用了，在高中历史教学中，历史教师除了自己在历史课堂教学中使用外，还可以借助已制作完成的历史多媒体教学课件进行教学交流、推广或发行，使更多的学校、历史教师、学生在历史教学与历史学习中参考或直接使用，实现历史多媒体教学课件的共享。

第五章 | 高中历史有效教学策略与效果优化

第一节 高中历史有效教学策略的实施

一、高中历史有效课前准备策略

(一) 加强对历史课程标准的理解

"所谓课程标准的含义，原本是关于课程开设科目、学习时间等的规定，后逐渐发展成为对学生学习结果的规定。课程标准一般由课程标准总纲和各科课程标准两部分组成"①。课程标准总纲是对一定学段的课程总体进行设计的纲领性文件，它规定了各级学校的学科设置、课程目标、团体活动的时数、课外活动的要求，以及课外活动的时数、各年级各学科每周的教学时数等；各科课程标准根据课程标准总纲具体规定各科教学要点、教学时数、教学目标、教材纲要和编订教材的基本要求。具体到高中历史学科中，课程标准在基本理念、课程目标、课程结构、课程内容、学习方式与教学方法、评价建议等方面，无论从纵向还是横向来看，都体现了在继承中发展，在结构设计与内容选取上稳中求变等特点。

(二) 了解学生历史知识的储备情况

因为学生在教学过程中处于主体的地位，所以了解"学情"是实施有效教学的前提和基础。可以把着眼点放在学生学习的实际情况中，具体包括了解学生历史知识的储备情况和目前历史学习的实际情况，通过了解这两方面的情况进而明确学生学习的需要，学习的需要是他们获取知识的动力，有了这种动力才会有努力学习的信念和行动，否则其教学必

---

① 贾婧博. 高中历史有效教学策略研究 [D]. 大连：辽宁师范大学，2018.

然是无目的、无效率的。

一线历史教师可以采取多种不同的方法了解学生的学习需要，了解学情的方法。在教育学习过程中为了调动学生学习历史的积极性，在每节新课前，都会让班级的学生写出在这节课中自己最感兴趣的问题、最想了解的知识以及希望教师采用哪些方法来讲授此课，然后根据学生对学习新内容的期待，有目的地制订教学方案，从而满足他们所需，提升学习历史的兴趣。

（三）有效处理教材的相关内容

教师要想做好充分有效的教学准备必须做好"备教材"这一工作。备教材主要从两方面着手：首先，教师要明确教材的编写原则、编写格式与编写特点；其次，教师还要了解教材重难点的设置情况，这样，教师才能依据教材的特点采用与之相对应的教学方法，有效率地运用教材。现行的教材为模块形式，教材内容之间的空间跨度比较大，这就或多或少会给学生的学习带来一些困惑，学生若想形成完整的历史概念并不容易。基于以上情况，教师在讲授知识时，特别是在教授重要历史问题时，一定要梳理好历史发展的脉络，尊重历史发展的规律，注重加强不同内容间的联系，为学生呈现完整的历史知识。依据教育学相关理论和教学案例并结合自身实习经历，我们在处理专题史教材时可以采取如下策略：

第一，有效整合教材内容的策略。专题史教学有其优点，但也有缺点。一方面，教材的内容为了按照时间的顺序进行编排导致各单元内容之间的时间跨度比较大，知识衔接不够连贯；另一方面，教材为了给学生呈现出完整的历史知识体系导致各单元间内容空间跨度比较大。同时，在教材的编写上专题史更易产生内容重复的问题。例如，同一个历史问题会在三本历史必修教材中多次出现。各单元内容间的空间和时间跨度都比较大，新旧知识间缺少连贯性，这就给历史教学带来了一定的难度，教师在教学中要把握住知识的重难点，对教材内容进行有效的组织，用心整理知识结构，使之系统化。

第二，加强教材内容间的联系和比较的策略。例如，在教授《希腊先哲的精神觉醒》一课时，教师常会注意到，这一内容是岳麓版必修三教材中世界文化史学习的开始，它紧跟在"中国古代的思想文化"内容之后，这样两个内容之间的空间跨度较大。因此，可以用"人类精神文明的重大突破期是在公元前 7 世纪至公元前 4 世纪间，在这个期间东方诞生了孔子和老子等伟大的思想家，西方出现了柏拉图和亚里士多德等著名的哲学家……"这样的导入语设计，在引导学生复习战国时期这一内容的基础上提出学习的课题——《希腊先哲的精神觉醒》，加强同一历史时期中外历史现象之间的横向联系。可以用"古希腊先哲们好学深思，一句'人是万物的尺度'，拉开了西方人文主义的序幕。……"这样的导入语设计，引入下一课《文艺复兴巨匠的人文风采》的学习，激发学生学习兴趣，并建立起欧洲文明的纵向联系，从而以整个世界为视角来叙述、把握中国历史，加强学生对中国和世界以及中外文化的了解。

二、高中历史有效教学实施策略

（一）树立正确的课堂教学理念

科学的课堂教学理念是落实有效教学的内在原动力，对有效教学的成功实施起着不可替代的指引作用。科学的课堂教学理念更加注重历史教育性功能在实践中的运用。

历史课堂质量深受课堂教学理念的影响。以获取知识为主要目的的课堂，质量最差；以获取能力为主要目的的课堂，质量次之；而以树立正确价值观为主要目的的课堂，质量最优。所以，历史教师亟须改变传统的"分数就是一切"的想法，更新历史课堂教学理念，注重对学生思维能力的培养和情感的升华。

（二）运用历史讲授法教学策略

从学生个人接受知识的能力来看，在众多的教学方法中，讲授法是最合适不过的了。因为讲授法是知识的直接传授，与其他教学方法比，不需要学生消耗过多的精力和财力，获取知识的效率更高。从教师的角度来看，讲授法在备课时最节省时间，在授课的过程中也不需要花费过多的精力去创设教学情境，寻找探究问题。

（三）应用历史探究式教学策略

在当前的历史课堂教学中，部分学生期待教师采用探究式的教学方法进行授课。所以，一线历史教师在探究式教学过程中务必保证探究问题的质量，从而推进探究式教学的有效实施。在探究式课堂教学中，教师不必按照传统的方式完全依照教材的编写顺序授课，重要的是要让学生通过问题探究获取知识，学会辩证地分析历史问题，提升学习能力。例如，在中国古代史的内容教学中，结合当前史学界的一些前沿观点，教师可以引用一些新的材料，让学生对一些开放式的历史问题发表自己的看法。

为了有效实施探究式教学，学生在明确探究任务之后，首先就要根据问题情境的要求收集多种多样的相关历史学习资料。而学生不能只是单纯地对探究式教学中所需要的学习资料进行收集，更重要的是要将材料的内容进行组织、编排，这样在解决问题时，学生将自己已有的知识与新获得的资料有机地联系在一起，优化认知结构。随之，提出假设与解决问题的方法、确立目标。探究式教学最重要的步骤之一就是提出假设。在探究问题的过程中，学生首先要猜想假设，其次还要体验怎样解决问题。在探究式教学中，假设既可以由学生个人提出，又可以通过师生间的合作或生生间的合作提出。学生通过提出假设，既能将自己原有零散的知识衔接起来，形成一个整体，又能丰富自己已有的认知结构。

综上所述，在进行高中历史课堂探究式教学时，我们须注意三方面：首先，确立明晰的教学目标。学生学习的内在需要是他们主体意识的全面反映。而在探究式教学中，可以通过设立清晰明了的教学目标来引发学生的主体意识。教师要先为学生创造外在的学习动力，即确立教学目标，学生经过"消化"后转化为内在的学习动力。并将外在动力和学生"消化"结合在一起，让学生学会自主学习。其次，让探究的问题更具价值。在探究式教学中问题的设计要依据学生的实际学习情况，这就要求教师对学生历史知识掌握的情况和学生接受知识的能力要有详细的了解。除此之外，教师在设计问题时，不能仅从学习情况这一个方面来考虑，更要考虑到学生的现实生活和兴趣爱好。设计真正适合学生全面发展的探究问题，让课堂教学的主动权掌握在学生手中。最后，为学生打造一个轻松、自由、开放的课堂。学生在探究式历史课堂中要敢于突破传统课堂的学习模式，敢于采用别出心裁的方法提出、分析和解决问题，要有自己独特的思路和想法。在探究式课堂中，教师要尊重每位学生的发言，不能急于否定学生的言论，多与学生进行交流，这样学生才敢于和大家分享自己的想法。对于人文学科的学习有自己的观点，敢于发表自己对某一问题的看法是十分重要的，所以教师要为学生创造一个易于发表自己想法的课堂氛围，让学生充分地展现自我，从而提高他们学习历史的兴趣。

总而言之，要让"问题探究"贯穿探究式课堂教学的始终，并使学生成为探究过程中的主体，培养学生自主学习和合作学习的意识，使每一位学生都充分发挥自己的潜能。改变传统课堂中以教师为主导的模式，让教师和学生拥有相同的地位，从而从各个方面提高学生的学习能力。

（四）模拟有效的历史教学情景

历史不会重现，我们若想更全面真实地了解历史，必须模拟历史情景，把自己想象成是历史事件中的人物。而且教师通过观察学生在教学情景中的行为，还能对学生的语言表达能力、逻辑思维能力和探究能力有所了解。因此，创设有效的历史教学情景十分有助于历史有效教学的实施。创设历史教学情景主要从以下途径着手：

第一，利用教师已讲授过的内容创设历史教学情景。例如，教师在为学生讲"王安石变法"时，利用教师已讲授过的北宋初期的历史史实，与学生一起创设了北宋初年的历史教学情景，让学生把自己想象成王安石本人，从而围绕"如何改变北宋建国以来积贫积弱的局面"这个问题展开分析与讨论。此外，将学生讨论的结果与王安石变法的措施相对比，发现学生提出来的解决办法比王安石变法的措施还要丰富全面。在此过程中学生利用自己已有的历史知识，把自己想象成历史情景中的真实人物，从而参与到问题解决过程中，不仅收获了历史知识，提升了思维能力，还能获得学习的成就感。

第二，利用学生对某一历史问题的整体性了解创设历史教学情景。例如，教师在带领学生复习唐朝历史时，可以让学生回忆自己所了解的所有有关唐代的历史，当大部分同学都能用相关的历史材料从多方面证明唐朝是我国古代最强盛的朝代时，教师可以提出问题，利用学生对唐朝历史的整体性了解来创设历史教学情景，从而产生了我们所需要讨论的历史问题。

此外，为了使历史教学情景的创设更有效，首先要增强情景的目的性。无论历史教师要创设怎样的教学情景，通过怎样的方式创设，最终的目的是一样的，都是为了提高教学质量和效率。因此，情景的创设不能流于表面，不能盲目地追求情景的形式。其次要使情景更具真实性。虽然不同的人对相同的历史事件有不一样的看法，评价某一历史事件时难免会掺杂自己的主观想法，但是历史不同于其他学科，历史事件是客观存在的，我们不能随意篡改，所以创设的历史情景一定要符合真实的史实，创设过程中所运用的史料也一定要真实有效。再次，要让情景具有思维性。创设教学情景的目的之一就是提高学生的探究性学习能力和独立思考能力，所以只有具有思维性的情景才能对学生能力的提高起到有效的帮助作用。最后，教学情景一定要有趣味性。情景的创设必须关注学生的内在需求，让学生对其有兴趣，乐于参与其中。

三、高中历史有效教学评价策略

（一）重视对教学本身的评价

在课前准备环节，可组织历史教师依据一定的评价标准互相评价备课教案，并在评价结束时给予对方相应的分数，作为考核教师教学业务的一项重要指标。通过该项教学评价，历史教师既可及时发现自己的不足，学习其他教师的长处，又可增强自身的工作积极性。例如，在课堂讲授环节，可组织学生依据一定的评价标准对教师的讲授语言、讲授方式、讲授手段、讲授思路等方面进行评价，并让学生对当前历史课堂教学提出自己的建议，从而使历史教师依据学生的真实反馈，及时调整自己的教学，满足学生所需，从根本上实现历史学科的有效教学。

因为有效教学评价是有效教学的重要组成部分，教学质量又是影响教学有效性的主要因素，所以，作为教育工作者务必加强对教学本身评价的重视，从而提升历史教师的教学水平，提高历史课堂的教学质量，早日实现真正意义上的历史有效教学。

（二）有效教学评价具备的特点

教学评价是一项操作起来较为复杂的工作，作为教师，不仅要组织和管理课堂，还要观察学生在课堂上的表现。而一个班级的几十名学生每个人的状态都是不一样的，每个学生在课堂教学不同时段的表现也不相同，这就在一定程度上增添了教师教学工作的负担。所以为了提高教学效率，保证客观地评价每一位学生，历史教师必须实施有效的教学评价策略。如何才能让评价策略达到"有效"主要从以下方面探讨：

第一，教学评价要具历史性。因为不同时空之下的评价标准是不一样的，所以任何一条评价标准都不是万能的，每一条评价标准都会受到它所处时代的影响，都有其自身的局限性。

第二，教学评价要具实效性。在教学评价过程中，我们要注重评价最终所取得的效果。对于某一教学评价而言，不能只看它在某一特定教育空间中所起到的作用及其所产生的效果，更要把它置于更大的教育空间中进行评判。除此之外，鉴定教学评价是否有实效性，不仅要看其在当前教育背景之下所产生的即时效果，更要看它在教育整体发展过程中所产生的效应，让教学评价符合教育发展的规律。

第三，教学评价要具发展性。真正有效的教学评价要对学生和教师的发展起到积极的促进作用。发展性的教学评价并不是按照成绩的高低来划分学生的层次，也不是单纯地评价学生的学习效果，而是更加关注学生未来的发展。通过分析当前学生在学习方面的不足，给学生提出相应建议，给予学生积极的鼓励，让学生获得进步。因为每一个学生的成长经历、生活环境和性格爱好都不同，所以每个学生都是一个独特的个体，都有属于自己的发展方向。即便是同一个学生在不同时间段的发展也存在差异。发展性教学评价就是要针对每一个学生的特点和同一个学生在不同时段的发展特点进行有效评价，使每一个学生在每一个阶段都能充分地发挥自己最大的潜能。发展性教学评价力求改变传统评价中学生的被动地位，提倡让学生成为评价过程中的主体。

第四，教学评价要具民主性。民主性教学评价是历史学科教学评价所追求的目标。在以往的教学评价中评价主体大多为教师，评价形式多为纸笔测试，而民主性评价倡导学生和家长都参与到评价中去，采取更多开放式的方法进行教学评价。在实施民主性历史教学评价的同时一定要处理好评价对象与被评价对象的关系。

（三） 实施以促进学生个性发展为核心的评价策略

以促进学生个性发展为核心，以多元化为角度，以开放式的评价方法为基础的教学评价才能称之为有效的教学评价。为了更好地实施有效教学评价，主要从以下方面探讨：

第一，应制定多元化的评价目标。在传统的教学评价中教师只对最终的学习成绩进行评价，只看重最终的学习结果而忽视学习过程。但其实往往过程比结果更重要，只有过程得到完善其最终效果才会提升。这就要求一线历史教师要加强并不断完善教学过程的评价，学会确立评价的目标并从多方面评价，如学生的学习能力是否提高、学生历史学科的核心素养是否提升、学生的人格是否获得全面的发展等。

第二，应实施切实可行的评价方案。教师和学生可以以有效的评价方案为指引，来了解一段时间内教学和学习所要实现的目标。只有制订了评价方案，教师和学生才清楚自己应从哪些方面努力，应该获得何种程度的提高。

第三，应采取丰富多样的评价方式。在传统的教学评价中无论是评价主体还是评价角度抑或是评价方法和评价功能都过于单一，所以我们要寻求多样化的评价方法，让评价不再枯燥乏味。实施历史学科有效教学评价的最终目的就是促进学生的个性发展。为此，我们倡导实行表现性评价，例如我们可以通过让学生表演历史情景剧、展示自己的历史小制作、写相关的历史小论文等方法来对学生的语言表达能力、思维能力、创造能力、实践能力等进行评价。表现性的评价又有两种呈现方式：一种是限制式的，一种是开放式的。

第二节　高中历史新课程有效教学策略

对于历史学科而言，其教学内容与知识具有鲜明特殊性，与其他学科不同，历史知识的文化属性更加凸显。因此，对该学科的教学不能仅仅从知识传递角度入手，还需要做好文化渗透与历史观的培养，从而让学生的历史思维更加清晰，对于知识的理解更加透彻。但是从目前教育基本情况而言，部分教师的课堂教育仍然停留于传统的方法，这对于健全学生历史观念不利。以下为高中历史有效教学改革策略：

第一，转变教育思想与思路。从现行的历史教材中可以发现，新教材虽然知识系统性更加明显，但是教育内容更加繁重。知识点数量的全面提升，让很多教师负担沉重。因此，如果仅仅按照传统教育形式开展教学活动，教师势必会承受更大压力，致使教学设计以及教育引导等工作无法正常开展。只有转变原有教育思想与思路才能很好地应对这些问题。一是教师应该认识到历史学科知识的基本内涵，以及学科所存在的育人价值。让学生记住所有知识并非最终教育目标，而是学科可以让学生在学习知识中思考问题，透过知识看到问题本质，从而形成独特的历史解读思维与理解思维。二是教育需要从多个方面综合考虑：首先，对于学生的教学应该从学生本位出发，要求教育形式与方法的构建与应用，可以更好地契合学生学习特点，通过强化与激发学生学习内驱力，促使学生自主参与学习活动。其次，对于教学内容而言，应该做到灵活应用教材而不是被教材应用，要跳出教材框架，形成整体化模式，让学生的学习可以更加具有针对性与连贯性。

第二，做好教材的整合与应用。教材是教学的基本载体，对于教材的应用直接关系到教育成果。新课程背景下，教材的整合与应用需要更加凸显拓展性与系统性。一方面，教师要立足教材完成整体化思考；另一方面，教师要保证教材应用的拓展性。

第三，丰富教学策略与教学方法。在教育中，恰当的教育策略与方法应用是较为必要的，但主要意义在于方法的有效应用，如此才能让教育方法与策略发挥应有作用。首先，巧用现代技术。信息技术的应用是新时代教育的基本要求，通过技术的应用可以让教育更加有趣味，让学生更加具有活力。其次，渗透问题探究。教师通过问题探究的方法，引导学生自主思考，主动归纳，让学生在自主学习的背景下，完成知识总结。

综上所述，随着新课程与素质教育要求的不断落实，高中历史需要在保证教学高效的前提下，让教学活动更加契合学生思维特点与学习方式。为此，教师不仅需要进一步革新自身思想，还需要从教材与学生本位出发，应用多种且恰当的教育形式，让历史教学朝着正确的方向改革，让教育更加符合高质量人才培养与发展规律。

第三节　高中历史学科的有效教学策略

历史学科的有效教学是师生在尊重历史本真的基础上，遵循历史学科教学活动的客观规律，成功引起、维持和促进学生自主进行历史学习，以最优的效果、效益和效率促进学生获得整合、协调、可持续的进步和发展，从而有效地实现预期的教学目标与有效地开发生成性历史课程资源，满足社会和个人的教育价值需求而组织实施的教学活动。

所谓的"历史教学活动的客观规律"，除学生的认知水平、个体差异、发展规律与教学活动自身的规律外，还要结合历史学科和历史教学自身的发展规律和特点。所谓"学生自主进行历史学习"主要指学生改变过去的被动学习状态，发挥主体性、积极性与参与性，实施以自主、合作和探究为主要途径的学习方式。具体的三维目标则要符合普通高中历史课程标准的要求，如了解历史发展的基本线索与历史唯物主义的基本理论和方法，学会用科学的理论与方法认识历史和现实问题，形成科学的世界观和历史观等。高中历史学科的有效教学策略主要从以下方面探讨：

第一，提出疑问，引导学生主动学习。"学生是否想学，对课堂教学是否有效而言是非常重要的。所以，教师要培养学生主动学习的意识，使学生学习的动力得到激发。"高中历史教师在进行教学的时候，要抓住高中学生求知欲强烈的特点，设置悬念，使学生的注意力得到集中"[1]。例如，给学生设置"大跃进"的问题，让学生思考当时中国的经济状况。相信在这种问题的引导下，课堂教学的效率能够得到有效提高。

第二，激发学生的学习热情。一般而言，学生注意力集中的时间大概为 15 分钟，如果超过这一时间的话，学生的注意力就会开始分散，学习的效率也会降低。由于高中历史学起来比较枯燥，历史教师如果不能对课堂教学内容进行合理的设计，学生就很难保持长时间的学习兴趣。所以，教师可以在课堂教学的过程中，采用这样的策略：当高中历史教师发现学生的注意力开始下降时，可以安排学生进行适当的休息，使他们能够在接下来的时间里更好学习。

第三，开发学生的心智。高中历史教师如果能从历史人物的角度设计问题，那么就可以使学生的学习兴趣得到更好的激发。采用这样的方法，可以将学生带入当时的情景中去，并让学生从历史人物的角度思考问题，从而达到开发学生心智的目的。

第四，对课堂教学进行优化。高中历史学科教学的主阵地为课堂，所以，教师要学会在课堂上采用更加新颖的教学方式。例如，高中历史教师在教授诸子百家的时候，就可以让学生从某一学派的观点出发，就现代生活中的老人倒地到底扶不扶的问题进行讨论。采用这样的方法不仅可以让学生对诸子百家的观点有更好的理解，还可以提高教学质量。

---

① 林元霞. 高中历史学科有效教学策略研究 [J]. 新课程（下），2019（2）：15.

第五，让学生做课堂的主人。高中历史教师在进行课堂教学的时候，要将学生置于学习的主体地位，不能再采用以前传统的"教师讲，学生听"的教学模式，而要同学生一起进行学习，一起进行课堂讨论，从而达到共同进步的目的。

第四节　高中历史教学效果及优化措施

一、高中历史教学效果分析

（一）巧用影视资源，提升高中历史教学效果

历史新课程的改革和发展为高中历史教学带来了生机与活力，有效促进高中历史教学模式的改革与创新，将影视资源科学合理地运用到高中历史教学中，是一种特别理想而有效的教学途径，深得高中历史教师的青睐。应用影视资源进行历史课堂教学，既可以有效激发学生的学习兴趣，又可以开拓学生的历史思维。影视资源的应用，凭借其自身具有的多样性和动态性，有效实现了历史课堂的静态教学向动态教学的转变，为学生呈现出有效的历史课堂教学效果。

1. 高中历史课堂巧用影视资源的主要依据

影视资源指的是能够直接在课堂教学中运用的教学片、视频片段或者影像图片等教学资源。影视资源自身具有诸多的优势，充分证明其能够应用在课堂教学之中。一是影视资源具有动态性能，因为影视资源是以视频的形式所存储的，内含丰富的信息技术，是动态的教育资源；二是影视资源充实而丰富，形式多样；三是影视资源形象且直观。影视资源的有效利用，为高中历史课堂教学的有效性提供了最为可靠的保障。以往高中历史课堂教学主要依据的就是我们手中的历史教材，而教材的内容较为有限，学生思维的发展受到束缚，很难实现高中历史教学的目标。影视资源的科学合理应用，使高中历史课堂教学充满生机与活力，课堂教学不再枯燥且单调，又不受教材资源的束缚，更不受时空的限制，对学生自学能力的培养和锻炼特别有效，充分调动学生历史学习的兴致，促使学生能够积极主动地参与到历史课堂教学中来，进而提高课堂教学效果。

2. 影视资源在高中历史课堂中的应用原则

（1）优化性原则。在高中历史课堂中巧妙地运用影视资源，有助于学生学习和掌握相

关的历史事件及内容。此外，我们在引入影视资源之前，必须对影视资源内容进行严格的审核和筛选，一定要结合具体的高中历史教学内容进行选择，所选择的影视资源必须具有实用性，这些课前的准备工作十分有必要去做，对于高中历史课的教学有着非常重要的意义和价值。而后再去考虑所选用的影视资源是否能够激发学生的学习兴趣，能不能集中学生上课的注意力。所有的这些准备都必须根据高中历史教学的目标而展开，影视资源与历史教学的内容必须存在一定的联系和针对性，通过影视资源的巧妙运用，吸引学生全身心地投入课堂学习之中，使他们在不知不觉中感受和掌握历史课堂中的知识。

（2）可控性原则。巧妙地运用影视资源的诸多优势，来博取学生对历史课程内容的关注与重视，特别有效地促动学生的历史研究兴致，并能够在研究过程中理解和掌握相关的历史理论知识，对高中历史课堂教学优化作用无可替代。但是，需要注意的是，必须在一定的有限时间内去完成预定的高中历史教学任务，要求历史教师恰当准确地掌握影视资源的引入和所需要的准确时间。我们历史教师只有通过科学严谨的课堂设计，才能确保影视资源发挥出自身独有的作用。同时也要注意，影视资源的运用必须在恰当的时候引入，只有这样才能更好地结合实际的历史教学内容，彰显出巨大的作用和价值来。

（3）启发性原则。在课堂教学中，教师科学合理的问题能够有效地激发学生对课程内容的积极思维。引入科学合理的问题情境，可以为学生创设一个良好的学习氛围，让学生萌发对知识的摸索和探寻的愿望，努力找寻解决问题的最佳办法。这些训练过程无形中就促成了学生多项思维模式的形成，对于学生更加深入地进行历史学习作用极大。历史教师借助影视资源所提供的良好环境来进行有效的问题设计，必须具备启发性的特点，通过引入影视资源去引导学生真实地感受历史事件发生的背景、过程和特殊的历史意义，帮助学生更好地掌握整个历史事件的前因后果。这样，既可以提高学生历史认知的深度和广度，又能够升华学生的历史情感。

3. 高中历史课堂教学中影视资源的运用策略

（1）巧用影视资源，创造历史情境。在当今科技高速发展的环境下，我们教师应该将先进的多媒体技术充分运用到课堂教学中，以此来丰富学生的课堂教学内容，从而为学生创造充裕的历史情境，帮助学生开阔视野，以实现学生对史料知识的有效认知。在历史课堂教学中，历史教师在课堂上就可以以多媒体技术的手段，引导学生去对问题进行探究，倡导学生采用自己的思维模式去思考，针对历史问题谈出自己的想法，找寻适宜的途径和方法去分析和解决历史问题，有助于学生发散思维的开发和锻炼，对于学生的智力开发促进作用较大。

（2）妙用影视资源，营造趣味环境。影视资源的出现，大大解决了历史教师的困难，使得高中生对历史学科的排斥情绪逐渐消失，效果越来越理想。因此，教师就可以将影视资源的强大优势利用起来，为学生营造具有浓厚趣味的历史课堂学习环境，通过生动有趣的动画影像将历史知识内容再现于课堂上，以较大的引力吸引学生。另外，对于历史课本中那些无形且抽象的事物，教师完全可以通过视频课件为学生直观而生动地表现出来，易于学生理解和吸收。在教学中，学生处于趣味环境的熏陶下，探究欲望就会自然升起，定会不由自主地展开自发讨论，学生历史学习兴趣大为高涨。

（3）活用影视资源，活跃课堂气氛。在高中历史课堂教学中，影视资源的灵活应用，便能够将课堂氛围提升到最佳状态，让学生身处这种状态的氛围中去进行历史知识的学习，促使学生响应历史教师的召唤，积极地投身于历史课程的教学氛围中。对于课堂气氛的理解，作为师者都很清楚，那就是师生思维情感的状态表现，是师生在课堂上积极参与教学活动的基础和前提。活跃的课堂气氛是学生学习的关键因素，课堂氛围的活跃程度与学生的学习效率息息相关，其存在的影响是非常大的。历史教师可以灵活运用影视资源的强大优势，来为学生增添课堂学习气氛，提升历史课堂学习效果。

综上所述，影视资源在高中历史课堂教学中的作用特别显著。课堂教学中巧妙运用影视资源，可以为学生构建高效的历史课堂，学生历史学习的能力和素养均能得到有效培养，学生学习历史的兴致也会得到有效提升。在高中历史课堂教学中，教师必须全面把握高中学生的学习特点，了解学生掌握历史知识的程度，挖掘学生内在的知识潜能，科学合理地安排引入影视资源，从而促使影视资源更好地服务历史课堂教学，以全面提升高中历史课堂教学的效果。

（二）巧用历史图片，提升高中历史教学效果

历史在高中教育中占据十分重要的地位，历史课培养好学生的兴趣对以后的历史学习是至关重要的。巧用历史图片，在课堂上，对历史事件配以相关的图片，能简明、直观地传达历史信息并直接快速地被学生接受，从而增强学生的学习兴趣，提高高中历史教学效果。

1. 充满活力的历史课堂

（1）激发学生浓厚的历史兴趣。正所谓兴趣是最好的老师，也是学生自觉学习的强大内驱力。在高中历史学习中学生要进行大量抽象思维，使得学生感觉学习历史知识很枯燥、很疲惫。在课堂上巧用历史图片，就给我们的历史教学带来了一定的帮助，通过课本

和老师的讲述让学生基本明白历史知识，然后配以相关的历史图片，直观地重现历史情形，让学生真切地体会到历史的陈迹，从而激发学生浓厚的历史兴趣，加深学生对历史知识的理解和记忆。

（2）掌握教材中的难点知识，增加课外知识。在高中历史教材中，教材内容是有限的，而我国的历史又浩若星河，所以很多历史知识不能在教材中详尽涵盖，在讲解教材中的历史问题时，教师可穿插教材上没有的相关知识图片，使学生增加课外知识。

2. 在课堂中运用历史图片的注意事项

（1）用心选择历史图片。教师在选取课外图片资料时必须讲究科学准确，决不能主观臆断，任意发挥。尽量选择一些与本节课难点知识相关的图片进行重点讲解。如果只顾数量不顾质量，就会影响正常教学，达不到教学效果。

（2）掌握相关的教学技巧。在教师备课时，必须对课堂教学内容进行全面细致的钻研观察，对所选取的图片都有较深的理解，搞清每个图片所要表达的知识和含义，做到胸中有数。在教学时，利用教学技巧，巧妙地插入历史图片，优化教学效果。

二、高中历史教学效果的优化措施

（一）高中历史主题教学效果的优化措施

第一，明确历史课堂教学主题的设计。每一堂历史课的灵魂都源自教学主题，这也是主题教学得以实施的根本，只有在明确教学主题的情况下，老师才能选择教学内容、涉及课堂提问。如何明确教学主题是每位历史老师必须面对的问题，不仅如此，还要让教学主题与新课标提出的理念和要求相符合，通常情况下，教学主题的设计要立足教材内容，突出历史学科的特点，最重要的是能满足高中生对历史知识的学习需求。

第二，在教学情境中升华教学主题。"主题教学"模式下的高中历史课堂，老师必须充分考虑学生的生活经验、理解能力来设计教学情境，突破课本知识的局限，让学生沉浸在历史情境中，引导学生自主探索、自主学习，从而对教学主题的理解更加深刻。

（二）高中艺术生历史课堂教学效果的优化措施

历史是高中课程体系的重要构成部分之一，在以往的历史教学中往往要求学生死记硬背历史知识点，再运用记忆的知识点进行机械的训练。新课程改革要求高中历史教学改变以往的教学方法，采取合理措施引导学生积极探讨，在教学活动中培养学生解决问题、处理问题的实际能力。高中艺术生与其他高中学生有着明显的区别，不仅体现在学习重点方面，文化课程的学习不是这批学生学习的全部，他们需要把大量的时间运用到艺术训练方面。而且也体现在学习基础方面，这批学生文化基础薄弱，对文化课程的学习动机不强。因此，为了优化高中艺术生的历史课堂教学效果，教师需要采取合理的措施来促进学生整体的发展。

高中艺术生是特殊的群体，不仅文化基础较为薄弱，而且用于文化课程学习的时间也较少，因此，需要在历史课堂教学中以特殊问题特殊对待的方式来采取合理的措施，以此来做好高中艺术生的历史教学工作。

第一，提升教师的艺术素质和专业能力，为课程的开展奠定良好的基础。教学活动的良好开展，需要充分发挥教师在其中的主要作用，尤其是在对高中艺术生开展历史教学活动过程中。由于提高学生学习历史的兴趣关键是发挥学生的艺术潜质，而学生艺术潜质的发挥就要求教师具备良好的艺术素质和专业能力，因此，教师应提升艺术素质和专业能力，以更好地引导艺术生开展良好的历史教学活动。首先，历史教师要加强学习活动和培训活动，在活动中拓宽自己的知识面，培养自身的素质，从而为课程的开展奠定良好的基础。其次，历史教师要在对艺术生的教学中，努力营造良好的氛围，建立和谐、融洽的师生关系，不仅要在课堂上加强与艺术生之间的互动，而且要在课后帮助艺术生解决难题和巩固知识点，从而提升高中历史课堂的教学效果。

第二，优化历史教学手段，提高历史课堂的教学效率。高中艺术生由于需要耗费大量的时间用于艺术训练，相对应地在文化课程学习方面所消耗的时间并不多。因此，历史教师要想开展好对高中艺术生的历史教学，就必须优化历史教学手段，从而提高历史课堂的教学效率。在高中历史课堂教学中优化历史教学手段，教师可以借助多媒体教学工具来有效创设教学情境，并在所创设的教学情境中融入相关的历史问题，这样不仅能以问题的形式来调动身处情境中学生的思维，而且也有利于在情境的作用下促使学生增强对历史课堂的直观性和生动性，从而促进整体的进步与发展。需要注意的是，由于高中艺术生的历史基础知识比较薄弱，教师还要注重对艺术生进行历史基础知识的讲解，帮助学生做好由初中历史向高中历史的过渡与衔接工作，为学生的学习奠定基础，从而有效提高历史教学效果。

第六章 | 高中历史有效教学策略的实践研究

第一节　高中历史讲评课的有效教学策略

高中历史作为文科中的一大科在高中的教学中占据重要的地位，因此，教师要善于发现教学中的重点，运用灵活的教学手段，采用有效的教学策略，提高教学的有效性。讲评课质量对学生历史学习效果有重要的影响。"讲评课上得好，不仅能促进学生清晰理解命题者的考查目的、要求及解决问题的方法，从而提升学习的有效性，还能为教师提供教学反思的机会，提升教师教学的有效性"①。

在现今高中历史的讲评课中，教师的教学仍存在教学方式单一、教学效率较低的现象。教师所采用的教学方式以传授知识为主，不注重分析学生所遇到的问题及其原因，使得学生在讲评课上只是了解了问题的答案，并没有达到学习的根本目的。再者，还有一些问题的讲评过细，造成了课堂时间的浪费，也影响了学生自主思维的更好发展。高中历史讲评课的有效性主要从以下方面探讨：

第一，及时讲评，促进学生更好地掌握知识。及时性原则是高中历史讲评课的重要原则，遵循及时性原则能有效保证教学的有效性。在作业或试卷批改后，教师及时地进行讲评，能使学生在保持对题目印象深刻的情况下更好地理解与掌握其中的知识，从而提高学生学习的有效性。在学生完成习题或者考试时，总是习惯于相互询问答题情况，出现意见不统一时，还会出现相互争论的现象，这时教师将问题进行讲评，学生的学习热情高涨，学习效果会特别好。相反，如果教师不能及时地给予反馈，学生的学习兴趣会降低，学习效果就难以保障。在学生完成课堂练习后，教师应尽可能当堂完成练习讲评，帮助学生发现问题、分析问题，进而解决问题。教师可以通过多媒体或在黑板上将学生的答题情况展示出来，从而提高学生学习的积极性。另外，在组织开展限时练习时，教师也要在第一时

---

① 高中华. 浅析高中历史讲评课有效教学策略 [J]. 中学教学参考，2016（28）：101.

间将习题批改好，并进行及时的反馈，及时改进教学指导工作。

第二，建立平等、和谐的师生关系，提高学生学习的自主性。传统教学中教师为教学的主体，学生处于被动接受知识的地位，忽略了学生在教学活动中的主体地位，难以发挥学生学习的积极作用。高中历史是一门具有人文色彩的学科，因此，教师在教学中要特别注重与学生进行情感的互动，加大学生在讲评课中的参与力度，从而调动学生的情感参与积极性，提高教学的有效性。教师要确保学生学习的主体地位，与学生建立互动积极的合作关系，增强学生的主体意识，活跃学生思维，促使学生主动获取讲评信息，构建知识框架，从而提高学生学习的有效性。在师生互动中，教师要以友善的态度，积极启发学生进行发言、讨论。教师的语言要具有引导性和鼓励性，使学生敢于发言、乐于发言。教师还可以采用合作学习等教学方式，促进学生间、师生间的交流，锻炼学生的语言表达能力，使学生养成积极发言的习惯，并且能利用学生的竞争心理，活跃课堂气氛，提高学生的学习能力。

第三，总结学习经验，促进解题方法学习。由于升学考试压力大，许多高中历史教师都采用题海战术进行教学，导致学生难以掌握教学方法，更多的是对答案进行死记硬背。为了改变这一现状，教师在讲评试卷的过程中，要善于结合试题外的具体事例，提升学生的分析、对比以及解决问题的能力，从而使学生不仅能解决讲评的问题，还能举一反三，掌握解决同类问题的方法。方法是最有用的知识，因此，教师在讲评试卷时不能只停留在对正确答案的讲解上，更应该注重对解题方法的教学，提高学生对解题方法的灵活运用。例如，近年高考历史试卷中出现了大量运用新材料创设情境的问题，这一类题目较为灵活，学生失分现象严重，教师在进行讲评时，要注重对此类问题解题方法的教学，而非针对某一道题答案的教学，这样才能更好地提升讲评课的有效性，促进学生更好地掌握解题方法。

总而言之，高中历史教师在进行讲评课的教学时，要善于建设积极互动的师生关系，提高学生的课堂参与度，提高学生的自主学习能力。要结合学生学习的特点，注重评价的及时性，激发学生的学习兴趣，提高教学的有效性。要注重解题方法的讲解，培养学生自主解决问题的能力，使学生能举一反三，而非只能解决学过的问题，从而提升讲评课的有效性。

第二节　高中历史渗透人文精神的有效教学策略

人文精神的本质就是"以人为本"，人文教育则是针对学生的自尊、价值、生命进行关怀、保护等教育，以便切实优化学生的精神世界，可以体现出促使学生实现全面发展的教育理念，这一理念十分科学、健康，能够真正保护学生，所以高中历史教师要积极渗透人文精神教育，关注学生的人格、生命、精神等内在需求，从而切实发展学生的核心素养。

在常规的高中历史学科教学中，历史知识是课堂中心，教师所设计并组织的教学活动都是为了在短期内丰富学生的知识储备。其中，由于历史学科属于文科，需要进行大量的知识识记，所以高中历史教师会在课堂教学中把历史知识讲全、讲透，以便学生可以记忆更多的历史知识。然而，长期的机械记忆使得高中生的学习效率较低，而且难以吸取历史教训，无法以史论今。再者，这种教学模式基本上忽视了人文精神教育本质，无法顺利引导学生形成正确的人生观、世界观与价值观。因此，"为了更好地发挥历史学科的教书、育人功能，高中历史教师应该主动渗透人文教育，关注学生的学习成长"[①]。

一、开发高中历史教材的人文理念

之所以要在历史学科中渗透人文教育，是因为历史知识虽然是对已经发生的人、事、物进行汇总归纳，却也体现着人类社会、经济、文化、文学、科技等多个方面的发展历程，蕴含着丰富的人文理念，可以帮助学生全面探究生命的价值与意义。因此，高中历史教师要有意识地开发历史教材中的人文理念，关注学生的思想意识与精神世界，便于学生学会从学习中培养人文精神。

例如，在《古代手工业的进步》一课教学中，我就分析了我国古代冶金、制瓷、丝织业的历史发展过程，还以图文并茂的手工业资料让学生直观看到了我国古代精美的手工业作品，便于学生形成主观认识。然后，展示了当今世界依然无法超越的手工业作品，让学生为古人的智慧感到震撼，由此培养了学生的自尊心。此外，还介绍了一些关于我国古代手工业作品的评价与鉴赏视频，让学生意识到中国古代手工业在全世界都享有盛名，而这

---

① 汪强强. 高中历史渗透人文精神的有效教学策略 [J]. 试题与研究，2020（8）：64.

就可以进一步激发学生的荣誉感，使其切实产生人文思想。

二、以平等的师生互动传递人文思想

概括而言，虽然高中生的心智发育情况逐渐趋于成熟，但是他们的人生经历不足却会直接影响学生的人文观念，并不能时刻保持清醒、克制与警醒的自我意识。同时，高中生也可能会受到感性与主观因素的影响而产生一些违背人文理念的意识，所以高中历史教师要懂得在师生互动过程中及时渗透人文教育，关注学生的意识品质，以正能量、真善美的形象去引导学生，使其自然而然地形成人文意识。

例如，在《物质生活与习俗的变迁》一课教学中，告诉学生现在的物资种类、数量都越来越多，人们的幸福感与满足感也越来越强。然后，再以丰富的直观资源展示近代以来我国服饰、餐饮、房屋与社会风俗的变化，鼓励学生自主展开历史分析。这就便于学生自主阐述自己的生活观念，使其积极描述自己喜欢的服饰、餐饮种类与房屋建筑风格等，客观分析近代中国物质生活与风俗变化的原因，便于学生积极展现自己的价值观。通过交流与互动，高中生可以及时接受他人的思想观念，也能由此产生丰富的人文认识。

三、通过情感教育科学渗透人文精神

从某种程度来看，人文精神教育实则是对高中生的精神世界进行优化引导与熏陶的一种教育活动，关注的是学生的情感、态度与价值观，而要想让学生敞开心扉，及时内化人文理念，唤起学生的积极情感，使其在情感的驱动下更好地认识人文精神，高中历史教师要积极组织情感教育，如以丰富的激励评价去优化学生的情感世界，或者通过一些趣味性的历史实践、历史表演等丰富学生的情感体会等，由此引导学生自主生成相应的人文精神。

例如，在《交通工具和通信工具的进步》一课教学中，可分析本地交通线路的布局结构示意图，借此引导学生阐述各类交通工具的优劣势，同时鼓励学生就现在的智能手机、移动电脑等通信工具进行客观分析，引导学生分享他们利用交通工具、通信工具丰富生活的经验。由于这些话题都与学生的真实生活有关，所以学生都能积极进行历史表达，而这也便于学生及时形成良好的情感。如此，学生则可在能动探究中掌握交通工具与通信工具的进步，意识到科技是强大的、伟大的。

总而言之，在高中历史教学中渗透人文教育十分重要，可以更好地优化学生的思维品质，促使学生确定自己的人生成长方向与理想信念，便于学生形成优良的价值观。因此，高中历史教师要认真分析人文教育的内涵，及时渗透人文精神，便于学生真正实现健康成长。

第三节　高中历史教学中创设情境的有效教学策略应用

历史这门课可以讲得严谨规范，也可以讲得丰富生动，这就要求教师在教学过程中恰当运用各种教学手段，让学生有一种身临其境的感觉，这样他们的学习情绪就可以得到激发，通过创设历史情境可以让学生主动参与到课堂中。因此，"教师可以利用多媒体技术来实现高中历史课程的情景化教学，让学生可以轻松高效地学习历史知识，亲近历史，爱上历史，才能够学好历史"①。

第一，创设语言情境。高中生还主要以感官知识的学习开始，他们感知历史知识的方法就是在头脑中勾画历史的表象，但是教材中描述的历史知识非常抽象，并没有多少文字描述历史发展的情节，学生的思维只是局限在教材的文字上那些抽象的概念，思维无法扩散，这就要求历史老师必须把历史教材进行充分的剖析，联系学生的生活实际，用通俗易懂的语言让学生可以在理解的基础上掌握相关历史知识，既能和学生进行情感上的交流，引发学生的共鸣，激发他们的学习兴趣，又能够让他们把感性知识转变为理性知识。

第二，创设物具情境。某些历史情境离学生的生活实在太过遥远，学生很难通过现在的生活经验来理解抽象的历史知识，这就要求教师必须联系学生的生活实际，在学生的日常生活环境中挖掘教学情境的资源。历史教学课堂中很少用到教具，这是因为教具一般而言都是具有历史教学价值的历史文物和古代遗留品，如古钱币、古器皿、某些文物的仿制品、历史人物模型和兵马俑高仿品，这些物具在课堂中出现极其吸引学生眼球，配有生动的讲解可以使教学更加活泼生动，学生参与到情景中可以提出全新的观点。例如，在学习古代中国的商业经济时可以让喜欢收藏文物的同学展示中国的古钱币，结合书本知识探讨这套钱币现在的经济价值和它的历史价值，创设其产生、流通的演化过程，激发学生对中国古代经济的热烈讨论，还可以当堂播放中央电视台的鉴宝节目和同学们一起探讨当时的社会经济，激起学生热烈的讨论，讨论完毕之后教师可以对同学们的讨论精神予以肯定，增强学生的自信心。

---

① 王晓晖. 高中历史教学中创设情境的有效教学策略分析 [J]. 学苑教育，2019 (2)：76.

第三，创设影视教学情境。例如，在课堂上可以播放《建国大业》《建国伟业》等电影片段，它们为学生直观地展现了过去的历史，便于学生理解知识，让学生可以直观地接受爱国主义教育，现代化的幻灯片、视频等新型教学手段如今也给高中历史教学课堂的革新打开了崭新的思路，带来了明确的方向，它们可以把历史教学从静态的文字变成动态的视频，增加历史教学的趣味性和多样性，有效地刺激学生的想象，让学生能够突破狭隘的现实生活经验，掌握更多的知识，锻炼他们的形象和抽象思维能力，课后也可以鼓励学生积极的收集相关历史题材的影视资料，为下一堂课的导入部分做好预习准备。

第四，创设问题情境。在正式教授教学内容之前的导入部分可以提出一些和教材有关的问题，引发学生的思考和讨论，让学生能够产生兴趣和求知欲。导入部分的问题要极具目的性和新颖性，这些问题可以充分激发学生的好奇心，让学生的思维灵活地调动起来，达到启发式教学的目的。例如，在学习近代科学之父牛顿时，可以通过幻灯片向学生展示爱因斯坦对牛顿的评价和斯蒂芬·霍金对牛顿的评价，通过这两个伟大的科学家对牛顿差异巨大的评价，让学生思考预测牛顿到底是怎样的一个人，通过小组讨论和分组探究的方式让学生既掌握知识又学会换位思考，还可以培养学生在合作讨论的热烈氛围中获得集体合作的认同感和荣誉感。

第五，模拟角色情境。创设模拟角色情境可以提高学生的课堂参与性，让学生通过排练小短剧的方式模拟过去的历史片段，调动学生的积极性，增加学生对历史课堂的学习兴趣。例如，教师可以让学生回家通过互联网查询资料自己创设剧本，把君权和相权的演变过程通过短剧的形式呈现出来，并把全班同学分成几组分别代表不同时代的角色，学生可以在组内进行交流合作，按照历史情节自行创设角色的对白，在正式授课时，把短剧演绎出来，通过更加生动形象的方式加深同学对于角色感悟的体验，根据学生演绎的不同时代的角色特点反映君主专制逐渐加强，这样做的好处就是让全体学生都能够深入角色特点，切身地体验角色的心理活动过程，让学生的综合素质得到锻炼，更增加了团队协作的合作精神。

第六，创设比较情境。创设比较情境可以帮助学生综合分析并概括相关的历史知识，准确地把握历史知识的关键点，可以通过列举不同国家同时期的重大历史事件和同一国家不同时期的重大历史事件进行比较，帮助学生在记忆这些历史知识时更加有区分性。例如，在创设比较情境中，可以帮助学生区分开本质特征与一般规律，了解人类历史发展具有多样性和不平衡性，帮助学生提高分析问题的综合能力。

第四节 高中历史教学中有效教学策略的应用与研究

一、高中历史教学中图表有效教学策略的应用研究

高中历史课程相较于初中历史课程在知识广度和深度方面具有明显差别，之所以在高中历史教材中有很多历史图表的内容，就是为了帮助高中生跨越这种差距，不增加学生的理解困难。"教师可以充分利用图表这个有效的教学工具，链接历史知识，把琐碎的内容按照某条线索抽离出来，以图表的形式展现给学生，加深学生的记忆，并适时地对一个阶段的学习进行总结，帮助学生建立历史知识体系"①。

高中历史知识内容跨越较大，展现在教材书上具有很强的逻辑性，但是过于零散，并没有完整的教学模式。图表教学则是将表格和图像的形式相结合，把零散的历史知识进行合规整理，以形象直观的形式加深学生的记忆。

运用图表教学方法提高高中历史教学有效性，主要从以下方面着手：

第一，引导学生自行设计历史表格。学生设计历史表格的过程也是对所学知识的整理过程。学生在自行制作表格的时候要进行对比和研究，进而找出自己在学习过程中的盲点，在提升学生的主动思考能力的同时也间接加强了学生的动手操作能力。例如，教师在完成中国民主革命的进程这一段历史内容的讲解后，可以让学生自己整理出一张图表，对主要会议、会议内容以及民主革命阶段的领导者等学习重点进行总结。教师还可以将图表模板设计出来，让学生按照模板内容进行知识总结。

第二，按照时间和事件的发展模式整理知识。以文字描述历史事件可以放大当时的情景，让学生有全面的了解，但是仅通过文字学生可能无法对连贯的历史事件形成清晰的认识。这时，教师就可以利用图表向学生展示该时点前后的变化，以横向对比的方式加深学生的理解。

第三，通过图表的形式，展现整个历史事件的发生过程。历史本就是以时间为轴发生的各种事件的总和，同一个时间发生着不同的事，图表可以将不同事件归结到一个时间轴上，以更加直观的形式呈现给学生。例如，教师在给学生讲解《新航路开辟》《殖民扩

---

① 吴太安. 高中历史图表有效教学的主要方法及策略研究 [J]. 华夏教师，2018（13）：46.

张》的历史时，不一样的国家在新航路的开辟和殖民扩张中都是互相有联系的，而殖民扩张区域又取决于不同国家所采取的不一样的殖民手段。对于这种逻辑较强的课堂内容，是完全符合学生思维能力发展的，但是在实践的过程中，由于学生对世界地图还没有完全掌握，限制了学生对历史事件的理解。这时，教师可以采用图表的形式，把事件和地图之间的联系清晰地展现给学生，帮助学生完成知识间的连接。

第四，图表教学模式是学生巩固知识的好方法。当前高中历史教学主要是以模块形式进行编排的，而学生所了解的历史知识也是基于教师的教学思维形成的。教师的思维方式是属于隐性特征和教学板书短暂停留的逻辑，如果学生不能将所学知识转换为自己的知识，那就不能说明学生学到了知识、掌握了知识。图表的使用可以让学生按照自己的思维逻辑对知识进行整理，从而对所学知识进行巩固。例如，教师可以在每一个单元学习以后，让学生运用图表的形式对整个历史知识进行总结，构建一个符合自己逻辑和理解的图表。

历史图表可以将历史知识具体化、形象化，能够有效提高教师的教学效果，也能够帮助学生更好地完成知识内化的过程。教师和学生应该充分利用好这个工具，使其发挥更大的作用，促进教学目标和学习目标快速实现。

二、高中历史教学中发散式思维教学策略的应用研究

发散式思维教学较之传统思维方式而言是一种较为新型的教学方式，它意味着教师在对学生进行教学时既要考虑到历史事件对学生的客观影响，又要做到以古喻今对学生的学习建立积极影响。同时发散式思维教学更类同于思维教学，这就要求教师在教学过程中要调动学生的学习积极性，满足学生自我发展与历史探索的客观需要。而作为历史学科自身发展而言，历史史观的教学已经超越了历史事件的认识与掌握，已经成为新时期学生必备的学习技能，通过史观学生可以认识到历史的发展脉络，了解历史之必然，这也会对学生的发散性思维建设产生积极影响。

（一）注重历史教学中求异精神的培养

高中历史教学阶段，教师重视的是学生史观的形成与培养，这就意味着学生必须在史观体系框架内对某个历史事件进行多角度思考并表达自身观点，这就要求学生要能够从历史教材中挖掘教材的深刻内涵，对历史事件进行更为客观全面的分析，教师为了实现这一教学目的就要重视对学生的求异精神培养。这种求异精神正是发散式教学的体现方式之

一，教师在教学过程中可以利用值得探讨与发挥的研究话题引导学生进行自我历史思维的拓展与发散，并进行历史问题的剖析与话题引入。这中间学生常常可以提出与历史教材观点相左的意见或认知，教师在面对学生这些认知时要进行分析与了解，站在学生的立场上去认知这些观点，看看学生是否从史观角度对此进行分析与客观了解，如果是合乎逻辑的推理认知教师就应当给予学生一定的认可，使学生在历史学习中获得一定的成就感。

（二）重视历史教学过程中的情景创设

在历史教学过程中不论教学阶段与年级，教师都对学生的历史基本观念与基本认知十分重视，这是由于历史教学是整体的、延续的，学生必须对历史这一学科有着整体上的抽象认识，这也使得教师在教学过程中会对情景创设问题十分重视。而当教师将发散性思维问题引入历史教学中，这种背景式的教学资源就成了教师对学生开展发散性思维的重要手段。教师可以通过历史情景创设来引入历史问题的思考与探究。对于高中阶段的学生而言，其具有极强的形象性思维，这也意味着学生被引入情景教学下历史学习中会使学生的学习兴趣与思维得到极大的发展，学生就可以获取到与以往不同的教学信息，将自身融入历史事件之中，从而变换不同的角度进行问题思考。

（三）重视历史教学中知识体系的构建

高中历史教学阶段教师想要对学生进行有针对性的发散思维训练，就要重视学生知识体系的完整构建，同时这也是学生形成相应思维的学习基础。对于历史学习而言，学生的知识体系是极为重要的学习与发展素材，它不仅包括学生对历史事件本身的了解与掌握，更包含了学生对历史学习的态度和史观学习法的掌握。在传统教学过程中教师虽然发现了史观教学在高中历史教学中的重要作用，却忽略了发散性思维与历史史观间的关系。这就要求历史教师为了实现学生的发散性思维教学的目的，就要从学生历史的历史学习基础出发，帮助学生对自身的历史学习储备进行整理学习，这一整理应当是建立在多元史观的知识架构之下的，使历史知识成为学生的学习模块，随用随取，这将极大地促进学生发散性思维的建立与完善，推进历史课堂教学质量。

参考文献

[1] 白月桥. 历史教学问题探讨 [M]. 北京：教育科学出版社，2001.

[2] 陈珩. 论高中历史教学中如何提高课堂教学效果 [J]. 新课程研究（下旬刊），2015（5）：82-83.

[3] 陈家华. 高中历史整体设计与有效教学提升路径探究 [J]. 中学历史教学，2022（5）：22.

[4] 褚文平. 浅析高中历史教学的特点与方法 [J]. 中学课程辅导（教师通讯），2018（1）：92.

[5] 高中华. 浅析高中历史讲评课有效教学策略 [J]. 中学教学参考，2016（28）：101.

[6] 黄永宏. 探讨提升课堂教学效率，优化高中历史教学效果 [J]. 中学课程辅导（教师通讯），2018（9）：81.

[7] 贾婧博. 高中历史有效教学策略研究 [D]. 大连：辽宁师范大学，2018.

[8] 蓝海丹. 高中历史开放式教学模式的构建 [J]. 广西民族师范学院学报，2012，29（1）：134.

[9] 李小飞. 创新预习形式让历史课堂更加高效 [J]. 教学改革与创新，2013（12）：44.

[10] 梁平. 新课改理念下高中历史课堂的有效教学方法 [J]. 新课程（中学），2017（10）：230.

[11] 林元霞. 高中历史学科有效教学策略研究 [J]. 新课程（下），2019（2）：15.

[12] 刘继宗. 新课程背景下如何优化高中历史教学 [J]. 考试周刊，2016（62）：122.

[13] 邵念芹. 巧用历史图片，提高高中历史教学效果 [J]. 新课程（中学），2016（1）：105.

[14] 史桂荣. 高中历史教学设计与效果优化 [M]. 长春：吉林出版集团股份有限公司，2020.

[15] 汪强强. 高中历史渗透人文精神的有效教学策略 [J]. 试题与研究，2020（8）：64.

[16] 王翠. 新课程历史教学论 [M]. 开封：河南大学出版社，2011.

［17］王方圆. 高中历史复习与有效性教学研究［D］. 开封：河南大学，2019.

［18］王璐瑶. 高中历史预习有效性教学研究［D］. 开封：河南大学，2019.

［19］王晓晖. 高中历史教学中创设情境的有效教学策略分析［J］. 学苑教育，2019（2）：76.

［20］吴太安. 高中历史图表有效教学的主要方法及策略研究［J］. 华夏教师，2018（13）：46.

［21］於以传. 中学历史课堂教学把握内容主旨的基本途径与方法［J］. 历史教学问题，2012（4）：122.

［22］张磊. 有效教学策略在高中历史教学中的应用与研究［J］. 新课程导学，2018（15）：45.

［23］张露. 高中历史主题教学的误区及优化措施研究［J］. 考试周刊，2017（96）：143.

［24］张小峰. 高中历史教学中发散式教学策略应用探究［J］. 中学课程辅导（教师通讯），2017（21）：20.

［25］张旭梅. 高中历史教学中核心素养的培养［D］. 海口：海南师范大学，2017.

［26］周丽冰. 优化高中艺术生历史课堂教学效果的措施探讨［J］. 新课程（下），2017（9）：158.

［27］曾鹏飞. 高中历史教学中的中华文化认同教育探究［J］. 内蒙古师范大学学报（教育科学版），2017，30（3）：153-155.

［28］陈建华. 历史材料在高中历史教学中的运用分析［J］. 新教育时代电子杂志（教师版），2017（29）：116.

［29］张中华. 任务驱动教学法在高中历史课堂中的应用［D］. 大连：辽宁师范大学，2011.

［30］刘向阳. 高中历史教学中家国情怀素养的培养策略探析［J］. 教学与管理（理论版），2019（11）：108-110.

［31］王书利. 高中历史教学中讨论式教学法的运用［D］. 西安：陕西师范大学，2019.

［32］吴逸. 新课程下高中历史教学理念的转变［J］. 学周刊，2021（11）：141-142.

［33］杨帆. 高中历史教学提问策略研究［D］. 开封：河南大学，2014.